KNAUR

Über die Autorin:
Lea Blumenthal wurde 1983 geboren. Sie hat es lange vor sich hergeschoben, ein Buch über ihre Bequemlichkeit zu schreiben. Doch als sie endlich damit aufhörte, ständig jedem neuen Selbstoptimierungstrend nachzurennen, hatte sie auf einmal die Muße, sich wieder an einen Schreibtisch zu setzen. Lea lebte einige Jahre im hektischen Hamburg, doch mittlerweile genießt sie mit ihrem Freund und den gemeinsamen Hunden die Ruhe auf dem Land.

LEA BLUMENTHAL

DAS LEBEN IST ZU KURZ FÜR DIESEN SCHEISS

EASY ANS ZIEL KOMMEN
OHNE SELBSTOPTIMIERUNG

KNAUR

Besuchen Sie uns im Internet:
www.droemer-knaur.de

Die Verlagsgruppe Droemer Knaur hat sich zu einer
nachhaltigen Buchproduktion verpflichtet. Gemeinsam mit unseren Partnern
und Lieferanten setzen wir uns für eine klimaneutrale Buchproduktion ein,
die den Erwerb von Klimazertifikaten zur Kompensation des CO_2-Ausstoßes einschließt.
Weitere Informationen finden Sie unter www.klimaneutralerverlag.de

FSC www.fsc.org MIX Papier | Fördert gute Waldnutzung FSC® C083411

Originalausgabe Dezember 2023

Ein Imprint der Verlagsgruppe
Droemer Knaur GmbH & Co. KG, München

Redaktion: Ariane Novel
Covergestaltung: ZERO Werbeagentur, München
Cover- und Innenteilabbildung: Marish/Shutterstock.com
Grafiken im Innenteil von le-tex publishing services
Satz und Layout: Adobe InDesign im Verlag
Druck und Bindung: CPI books GmbH, Leck
ISBN 978-3-426-79181-3

4 5 3

Eigentlich hatte ich heute viel vor.
Jetzt habe ich morgen viel vor.

INHALT

Anhang

VORWORT

Wie alles begann, oder: Eine unglaublich blöde Idee

»Mein Gürkchen brennt an!«

Boris zieht hastig das Pfännchen aus dem Raclette und schaut verärgert auf das angekohlte Gemüse.

»Du hast mal wieder zu hochgestapelt«, bemerke ich trocken, scheine aber die Einzige zu sein, die den Witz versteht.

Für sprachliche Raffinesse ist an diesem Abend schon zu viel Alkohol geflossen. Der Sekt macht mich etwas duselig, und vom vielen Käse im Magen bin ich unglaublich müde geworden.

Ich bin jetzt in einem Alter, in dem ich eigentlich an keinen Feiern mehr teilnehme, die bis Mitternacht dauern. Das war früher die Zeit, in der ich das Haus verließ, um zu aufregenden Partys zu gehen. Heute freue ich mich über Freunde, die wegen ihrer Kinder alle Festlichkeiten auf den frühen Nachmittag verlegen. Das bedeutet nämlich, dass ich an einem Samstag spätestens um 21 Uhr mit Wollsocken auf dem Sofa liege und mir eine Serie auf Netflix reinziehe.

Doch heute ist Silvester. Der einzige Tag des Jahres, an dem selbst ich akzeptieren muss, dass es merkwürdig wäre, sich am Nachmittag zu treffen. Zumindest sind wir mittlerweile alle Ende 30, und keiner verspürt mehr den Ruf, sich die Nächte um die Ohren zu schlagen. Heißt: In drei Stunden, um zehn nach zwölf, wenn wir angestoßen haben, werden sich Tina und Arne unter dem Vorwand verabschieden, dass sie morgen die Familie treffen. Kathi, die letzte verbliebene Singlefreundin, die ich noch habe, wird bis halb eins in der Küche sitzen und alle Alkoholreste leer trinken, darauf hoffend, dass wir unsere bequemen Hintern doch noch mal hochkriegen und sie in irgendeinen Club begleiten. (Ihre Hoffnung wird vergebens sein, das weiß sie, das wissen wir, und trotzdem stirbt selbige zuletzt.) Selbst Malte, Boris' Kollege aus der Firma, der spontan dazugestoßen ist, weil seine Frau sich am zweiten Weihnachtsfeiertag relativ überraschend überlegt hat, dass es ihrer beider persönlicher Entwicklung besser täte, wenn sie zukünftig getrennte Wege gingen, wird sich von Kathi nicht überreden lassen. Sein Liebeskummer steht ihm ins Gesicht geschrieben, er hat mehr getrunken, als einer Leber guttut, und wird es maximal noch bis ins Taxi nach Hause schaffen.

Ich kann Silvester nicht viel abgewinnen, weil man eben so fürchterlich lange wach bleiben muss, aber ich liebe die Berechenbarkeit des Abends: Raclette. Bleigießen. Anstoßen. Und wieder ein Jahr geschafft.

»Nehmt euch ein Beispiel an mir. Ich arbeite mit zwei Pfännchen«, sagt Malte und hebt demonstrativ ein leeres und ein befülltes Pfännchen hoch, in dem der Käse brutzelt. »Ich muss nicht so viel übereinanderstapeln und minimiere damit die Verbrennungsgefahr.«

»Du hast deine Pfännchennutzung optimiert?«, fragt Kathi ungläubig.

Ihr ist anzusehen, dass sie Malte in diesem Moment von der Liste der potenziellen Spielgefährten streicht, selbst wenn sie heute Abend deswegen leer ausgeht. Den Liebeskummer hätte sie sich vielleicht irgendwie noch schöngeredet. Aber einen Typ, der sein Nutzungsverhalten von Raclettepfännchen optimiert, den willst du nicht im Bett haben. Und wenn der zu Hause auch so drauf ist, wovon man guten Gewissens ausgehen kann, verstehe ich seine zukünftige Ex-Frau in diesem Moment ein bisschen besser.

»Wollen wir jetzt Blei gießen?«, fragt Kathi eine halbe Stunde später, als die letzten Käsescheiben an den heißen Glühstäben des Raclettes verkohlt und alle Gürkchen und Maiskölbchen vertilgt sind.

»Muss das sein?«, mault Boris. Letztes Jahr ist der Versuch, sein verkrüppeltes Etwas zu deuten, in einen handfesten Streit ausgeartet. Boris hat darin eine Mauer sehen wollen (Bedeutung: Deine Ausdauer zahlt sich aus), Arne aber eine Wiege (Du wirst Baptist). Am Ende hat Tina das Ding noch mal eingeschmolzen und beschlossen, dass das neue Gebilde ein Baum sei (wachsende Fähigkeiten). Darauf hat sich Boris eingelassen. Welche Fähigkeiten im vergangenen Jahr bei ihm aber gewachsen sind, wissen vermutlich nur er und der Gott des Bleigießens.

»Klar muss das sein«, beschließt Tina und steht vom Tisch auf, um das Bleigieß-Set zu holen. »Das ist Tradition!«

»Das ist Scheiße«, grummelt Boris, hat sich aber bereits geschlagen gegeben. »Davon wird doch sowieso nichts eintreffen. Als ob Lea mit ihrer Möwe mehr Erfolg im Beruf gehabt hätte.«

»Das war ein Adler«, korrigiere ich ihn. »Und der steht nun mal dafür.«

»Nein, das war ein Falke«, sagt Arne, »jemand ist eifersüchtig auf dich.« Er schaut mich an. »War jemand eifersüchtig auf dich im letzten Jahr?«

»Ich wüsste beim besten Willen nicht, worauf man bei mir eifersüchtig sein könnte.«

Boris zieht die Augenbrauen hoch. »Hallo? Du lebst mit einem Traumtypen zusammen.«

Tina und ich schauen gleichzeitig in Richtung des Körbchens, in dem der Hund selig döst. Wir haben ihn heute Morgen mit Cannabis-Öl abgefüllt, damit ihm die Böllerei nichts ausmacht. Vielleicht hätte ich Boris auch eine Portion verabreichen sollen.

»Vom Traumtypen mal abgesehen, gibt es bei mir aber nicht viel zu beneiden«, kürze ich die Sache ab. »Ich bin durch und durch normal. Keine besonderen Fähigkeiten, keine herausragenden Talente. Vom Schlafen mal abgesehen, darin bin ich wirklich gut.«

Tina grinst. »Womit wir auch schon bei den guten Vorsätzen wären. Habt ihr welche?« Sie öffnet die Verpackung des Bleigieß-Sets und holt die Utensilien heraus.

»Du bist echt so eine richtige Stimmungskanone«, giftet Boris weiter, der offensichtlich gerade Fahrt aufnimmt. Er kann Silvester genauso wenig leiden wie ich. Möglicherweise sollten wir das Fest nächstes Jahr ausfallen lassen oder an einen Ort fahren, an dem der Jahreswechsel zu einem anderen Zeitpunkt gefeiert wird. Wir hüpfen einfach ganz elegant darüber hinweg und ersparen uns den Zinnober. Ob ich das als ersten guten Vorsatz vorschlagen soll?

»Also«, kommt Malte mir zuvor, »ich möchte mich im nächsten Jahr mehr auf mich konzentrieren. Jetzt, da Christiane weg ist, bleibt mir auch nicht viel anderes übrig.«

Alle schweigen betreten. Wenn Malte seine Ex-Frau erwähnt, muss er immer anfangen zu weinen. Zum Glück zieht er diesmal nur lautstark die Nase hoch und nickt sich selbst aufmunternd zu.

»Ich werde einen Halbmarathon laufen«, verkündet Tina, und alle sind froh, dass das Thema Ex-Frau umschifft wurde. »Im Juli. Wenn es geht, möchte ich unter zwei Stunden 15 bleiben.«

Allein die Vorstellung, zwei Stunden und 15 Minuten zu

rennen, ist verstörend. Gott sei Dank muss ich das nicht mehr mitmachen. Quatsch, Gott sei Dank kann ich mittlerweile Nein sagen! Am Ende hätte mich Tina zu diesem Halbmarathon geschleppt, wenn ich den Mut nicht aufgebracht hätte, ihr zu sagen, dass ich Joggen hasse … eine grauenhafte Vorstellung.

»Und du, Boris?«

Er sagt entschieden: »Im Job weiterkommen. Ich will endlich Teamleiter werden.«

Malte grinst schief, die anderen nicken.

»Arne?«

Er seufzt. »Ahhh, mein Lieblingsthema.« Mit liebevollem Blick schaut er Tina an. »Ich will endlich mit dem Rauchen aufhören.«

Tina quiekt, fällt ihm um den Hals und küsst ihn. Sie ist aufrichtig erfreut und scheint keine Ahnung gehabt zu haben, was Arne sich vorgenommen hat.

»Ich unterstütze dich, wo ich kann«, verspricht sie ihm. »Wann willst du denn loslegen?«

Er wiegt den Kopf hin und her. »Am besten ist immer sofort, oder?«

Tina reißt die Augen auf. »Echt?«

In diesem Moment scheint Arne klarzuwerden, was er da gerade angekündigt hat. »Oder sagen wir ab dem neuen Jahr.« Er erhebt sich sichtlich nervös. »Ich muss mal eine rauchen.«

Während sich Arne auf den Balkon verdrückt, um bei frühlingshaften 15 Grad zu rauchen, schaut Tina Kathi an. »Und was nimmst du dir vor?«

»Äh …« Sie schlägt die Augen nieder. »Ich habe mir vorgenommen, im neuen Jahr die Partnersuche einzustellen. Dieses ganze Tindern und Daten ist so krass anstrengend. Ich glaube inzwischen, dass ich mit jedem Versuch, den Kerl für den nächsten Lebensabschnitt zu finden, weiter von meinem Ziel abkomme. Deswegen«, sie seufzt, »werde ich alle Apps deinstallieren. Und mir vermutlich einen Vibrator kaufen.«

Malte verschluckt sich an seinem Wein und fängt zu husten an. Tina schlägt ihm lachend auf die Schulter. »Geht's?«

Er nickt mit tränenden Augen. »Ja. Ich muss … nun ja, ich muss mich an das alles erst noch gewöhnen.«

Kathi verkneift den Mund, schweigt. Sie ist seit vier Jahren Single, und das, obwohl sie keinen nennenswerten Dachschaden hat. Ziemlich merkwürdig, dass die tollsten Frauen einfach keine Typen finden.

»Du kannst mir dann ja in einem Jahr erzählen, wie deine Erfahrung auf dem Datingmarkt so war, Malte«, schlägt Kathi vor und hebt das Glas zum Anstoßen.

»Wieso in einem Jahr?«, will Malte mit ängstlichem Ausdruck in den Augen wissen. Offenbar hegt er noch die Hoffnung, in einem Jahr nicht mehr mit irgendwelchen bekloppten Leuten Silvester feiern zu müssen, sondern bereits in irgendeiner neuen liebevollen Beziehung gemeinsam vor dem Kamin den Jahresausklang zu feiern … armer Irrer.

»Na, wir müssen uns doch in einem Jahr wiedersehen und schauen, wie sich unsere Vorhaben entwickelt haben«, erwidert Kathi lachend.

Das ist ja eine tolle Idee. Nicht.

In diesem Moment fällt Tinas Blick auf mich, und ich habe das Gefühl, Saurons Auge habe sich auf mich gerichtet. »Lea hat noch gar nicht gesagt, was sie sich für das neue Jahr vornimmt.«

»Uff. Ja. Nee«, winke ich ab. »Ich habe keine guten Vorsätze.«

»Ach, komm schon. Wir haben alle welche«, stichelt Boris.

»Nein, ich bin echt zufrieden«, flunkere ich. Denn wer bitte ist schon »echt zufrieden«? Es gibt doch eigentlich immer etwas zu meckern. Mein Gewicht scheint sich beispielsweise nur noch in eine Richtung zu entwickeln, und zwar nach oben. Leider kann ich mich nach dem Joggingdesaster letztes Jahr zu gar keinem Sport mehr aufraffen. Das ist immer so … anstrengend.

»Dann denk dir halt was aus!«, fordert Boris mich auf.

Vielleicht sollte ich mich Maltes Vorhaben anschließen und mich ebenfalls mehr auf mich konzentrieren. So ganz ohne meinen piesackenden Freund.

Kathi, Malte, Boris und Tina schauen mich herausfordernd an. In diesem Moment kommt Arne rein, umgeben von einer Wolke Zigarettenqualm, und fragt: »Was ist los?«

»Lea will uns ihre Neujahrsvorsätze verraten.«

»Oh, spannend.« Er setzt sich. »Und?«

Schnell! Ich brauche etwas.

Irgendetwas, das man mir glauben kann, das aber gleichzeitig auch so erreichbar ist, dass ich mich nicht ein Jahr lang kasteien muss dafür. Etwas Leichtes, das eigentlich jeder hinbekommt. So einen Dulli-Vorsatz wie netter sein, sparsamer werden, mehr spazieren gehen …

»Ich möchte abnehmen«, sage ich zu meinem eigenen Entsetzen. Und als ob das noch nicht genug wäre, blubbert es aus meinem Mund: »Acht Kilo.«

»Wow!«, findet Tina und grinst. »Das ist ein toller Vorsatz.«

Nein. Ist er nicht. Das ist ein beschissener Vorsatz. Ich hasse Diät. Ich hasse Abnehmen.

»Boah, nee, Lea«, sagt Boris und verdreht die Augen. »Wenn du abspeckst, bist du immer so schlecht gelaunt!«

Ich lächle schief. Mitgefangen, mitgehangen.

»Nur Abnehmen, oder hast du noch mehr vor?« Malte schaut mich an. »Ich meine, acht Kilo sind ja schnell geschafft.«

Zur Erklärung, Malte ist einen Meter 90 groß und wiegt etwa 80 Kilo. Der hat sein Leben lang noch kein Gramm abnehmen müssen, während ich bereits wie ein Hefeteig aufgehe, wenn der Geruch von Pizza in meine Nase drängt.

Am liebsten würde ich sagen: Mach dir keine Sorgen, dass du einsam bleibst, Malte. Dein Stoffwechsel leistet dir sicher tolle Gesellschaft!

Stattdessen sage ich etwas ganz anderes.

»Ich würde grundsätzlich schon gern mehr schaffen, also ganz generell. Und ein bisschen mehr Struktur täte mir gut. Manchmal glaube ich, ich mäandere so durchs Leben, ohne Plan, ohne Ziel. Andere machen Karriere, gründen Familien, laufen Halbmarathons, und ich … ich bin.«

Scheiße. Wo kam das denn her? Ich versuche eine Verbindung zu meinem Unterbewusstsein aufzunehmen. Ab jetzt bitte Schnauze halten, danke!

»Aber das ist doch schön, dass du *bist*«, sagt Tina mit einem Lächeln und legt mir die Hand auf den Arm. »Dafür lieben wir dich doch.«

»Na ja, wenn sie etwas motivierter wäre, würden wir sie auch noch lieben«, murmelt Boris.

Alle drehen sich zu ihm um.

»Entschuldigung?«, frage ich spitz.

»Ich meine ja bloß. Du beschwerst dich immer wieder, dass du nicht weißt, wo es für dich hingehen soll. Ich finde es gut, wenn du das Thema mal angehst. Vielleicht findest du nächstes Jahr ja deinen Purpose.«

»Ihhh! Du hast das böse Wort mit P gesagt!«, mache ich mich über ihn lustig im verzweifelten Versuch, von mir und meinen Unzulänglichkeiten abzulenken.

Alle lachen. Immerhin das kann ich gut. Ablenken vom Wesentlichen.

Kathi hebt wieder ihr Glas. »Also gut, dann treffen wir uns in einem Jahr wieder und schauen mal, wer seine guten Vorsätze in die Tat umgesetzt hat!«

Boris stößt mit ihr an. »Und was ist der Einsatz?«

»Wie, Einsatz?«, frage ich alarmiert.

»Na, wir brauchen doch einen Ansporn. Ansonsten gibt sich doch keiner Mühe.«

»Mal überlegen …« Tina denkt nach. »Ich weiß es. Wer sein Ziel in einem Jahr nicht erreicht hat, muss alle zu einem Wochenendtrip einladen.«

»Ne«, sagt Boris entschieden und tippt sich an die Schläfe. »Ich zahl euch doch nicht den Urlaub.«

»Wieso?«, feixt Kathi. »Du planst doch eh die Gehaltserhöhung. Oder glaubst du, dein guter Vorsatz könnte unrealistisch sein?«

Eines muss ich ihr lassen: Sie weiß, wie man Boris kriegt.

Er legt den Kopf schief. »Lächerlich. Der Einsatz ist gut.« Boris lehnt sich zurück und verschränkt die Arme hinter dem Kopf. »Ich freue mich darauf, von euch eingeladen zu werden.«

»Das werden wir ja sehen«, sagt Kathi, und in ihren Augen blitzt es.

»Also«, Tina zeigt auf sie. »Ein Jahr kein Dating.«

Kathi nickt entschieden.

»Mit dem Rauchen aufhören.«

Arne guckt unglücklich.

»Du konzentrierst dich auf dich.« Sie zeigt auf Malte.

»Und wie wollen wir entscheiden, ob Malte sich an seinen Vorsatz hält?« Boris guckt kritisch.

»Ich mache eine Präsentation am Ende des Jahres, was ich alles für mich gemacht habe, und ihr überlegt, ob euch das reicht«, schlägt Malte vor. »Mit PowerPoint.«

Das scheint Boris zu überzeugen.

»Dann wäre das geklärt. Ich laufe einen Halbmarathon, und Lea«, sie schaut mich an, »nimmt acht Kilo ab.«

»Und findet ihren Purpose«, fügt Boris mit einem Grinsen hinzu.

Als die Gläser zur Bestätigung unseres Versprechens klirren und draußen die ersten Stimmen den Countdown rückwärts zählen, ahne ich: Ich hab mich da in etwas Grauenhaftes reingeritten.

Frohes neues Jahr.

1
WAR WAS?

Jedem Anfang wohnt ein Arschtritt inne

»Fräulein Blumenthal! Frohes neues Jahr wünsche ich Ihnen.«

Es scheint ein Naturgesetz zu sein, dass unsere Nachbarin Frau Pressel immer dann hinter ihrer Tür lauert, wenn ich am wenigsten vorzeigbar bin.

Es ist der 5. Januar. Ich trage schon länger meinen Schlafanzug, als ich vor mir oder anderen zugeben möchte. Wenn wir keinen Hund hätten, würde ich vermutlich gar nicht vor die Tür kommen, glücklicherweise stört sich der Köter aber nicht an meinem Aufzug. Essen kann man sich liefern lassen. Mittlerweile sogar Klopapier. Es gibt also keinen, wirklich gar keinen Grund, warum ich den Schlafanzug gegen vernünftige Kleidung eintauschen sollte.

Es sei denn, ich treffe Frau Pressel im Flur. Dann schäme ich mich ein bisschen, weil sie wieder so aufgedonnert ist, als wäre sie auf dem Weg zu einem Tanzkränzchen, bei dem vermögende Witwer erwartet werden. Sie ist eingedieselt in eine schwere Wolke *Tosca* und hat sich die Haare ganz offensichtlich frisch gefärbt.

»Ihnen auch ein frohes neues Jahr«, ringe ich mir ab.

Einen Moment lang stehen wir uns schweigend gegenüber. Den internationalen Konversationsregeln zufolge muss ich jetzt eine Frage stellen. Oder ein Kompliment machen. Am besten beides.

»Sie sehen ja toll aus, Frau Pressel. Sind Sie unterwegs zu einer Verabredung?«

Blumenthal, douze points.

Die Pressel wirft ihre praktische, kurze Fönwelle nach hinten und lächelt breit. Auf ihrem Schneidezahn klebt magentafarbener Lippenstift. »Ich gehe aus. Ins Casino!« Verschwörerisch beugt sie sich zu mir, und die süßen Moleküle ihres Parfüms dringen mit derselben Penetranz in meine Nase, die Frau Pressel bei der Einhaltung des Flurputzplans an den Tag legt. »Eigentlich hatte ich mir vorgenommen, im neuen Jahr ein bisschen weniger zu zocken. Aber was soll der Geiz? Man lebt schließlich nur einmal!«

Einerseits freue ich mich, weil Frau Pressel offenbar auch schon alle guten Vorsätze hat sausen lassen. Andererseits fällt mir in diesem Moment siedend heiß ein, dass bereits fünf Tage verstrichen sind, ohne dass ich nennenswerte Anstrengungen gemacht habe, Gewicht zu verlieren. Eher im Gegenteil.

Wie konnte das passieren? Ich ahne Schreckliches. Ich habe es einfach *vergessen*. Leider kenne ich das schon von mir. Ich nehme mir Großes vor, und dann verschwindet es einfach. Und zwar genau in dem Augenblick, in dem ich mich erinnern müsste.

Was habe ich mir im Laufe meines Lebens schon große Pläne gemacht und mir vorgenommen, nicht mehr als 29 Punkte, 1800 Kalorien oder nur innerhalb eines bestimmten Zeitfensters zu essen! Und dann sitze ich am Tisch, meistens mit irgendjemand anderem, es ist gemütlich und grad so schön, und ich denke: nichts. Keine Mahnung, keine Erinnerung, nicht mal ein warnendes Licht leuchtet in meinem Hirn auf. Ernährungsumstellung? Nicht dass ich wüsste. Kalorienbilanz? Was ist das? Die kneifende Jeans habe ich schon längst gegen eine Hose mit ausreichend Elasthan getauscht. Also greife ich wieder und wieder in den Brotkorb, spachtele munter vor mich hin, genieße den Moment und schlucke meine Diätvorhaben wortwörtlich hinunter.

»Haben Sie denn auch gute Vorsätze fürs neue Jahr, Fräulein Blumenthal?«

Pressel: Spiel, Satz und Sieg.

Ihr Blick fällt auf meine Joggingschuhe. Die stehen exakt seit dem Tag auf dem Fußabstreifer, an dem ich beschlossen habe, nie wieder joggen zu gehen. Also seit etwa acht Monaten. Möglicherweise sind sie mit der Fußmatte verschmolzen, und die Atome haben sich für alle Zeit miteinander verbunden, sie können nur von einer höheren, göttlichen Macht wieder getrennt werden.

Frau Pressel seufzt bei diesem Anblick. Ich weiß, sie kann meine Joggingschuhe im Flur nicht leiden. Ich übrigens auch nicht. Sie sind ein Sinnbild meines Versagens und erinnern mich daran, dass ich seit mehr als einem halben Jahr keinen Sport mehr treibe, sondern vielmehr das Spazierengehen zur Kunstform erkoren habe – oder eher: die kurzen Runden um den Block, die ich mit dem Hund mache. Die Schluffirunden und Kurzstrecken. Für die brauche ich keine Joggingschuhe und keine Laufhosen, nur den Vierbeiner, der neugierig vor mir herwatschelt und mich manchmal sogar ein Stück des Weges zieht. Je nachdem, wie viele halb aufgegessene Döner er auf dem Gehweg erschnüffelt. Eine Pulsuhr ist bei dieser Art der Fortbewegung ebenfalls überflüssig. Ich achte sehr darauf, nicht außer Atem zu kommen. Meine Spaziergänge sollen mich auf keinen Fall an die Joggingrunden um die Alster erinnern, die mir im letzten Jahr so einige Sorgen bereitet haben. Weil meine Joggingbegleitung Tina leider nicht wusste, wie sehr ich joggen hasse. Und ich mehrere Monate gebraucht habe, um ihr endlich beizubringen, dass ich nur aufgrund eines eklatanten Missverständnisses mit ihr laufen gegangen bin.

Zum Glück liegt das mittlerweile hinter mir, nur wenn ich manchmal aus angstgetränkten Albträumen erwache, in denen ich Tina kurzatmig hinterherhechle, jedem Buggy neidische Blicke zuwerfe und mir erneut wünsche, drei Jahre alt zu sein und um die Alster geschoben zu werden, denke ich noch daran.

Oder wenn ich eben diese blöden Joggingschuhe sehe. Also jeden Tag beim Verlassen und Betreten der Wohnung.

Eindeutig zu oft. Und jedes Mal nehme ich mir vor, sie endlich wegzuschmeißen, aber dann betrete ich die Bude, hänge meine Jacke auf … und der Gedanke löst sich in Luft auf.

»Die kommen jetzt weg«, entscheide ich in einem geradezu unheimlichen Anflug von Entscheidungsfreude, bücke mich und greife nach den Schuhen – auch wenn mir in diesem Moment klar ist, dass es ohne Joggingschuhe noch schwerer wird als mit, meinen Vorsatz umzusetzen. Aber ich möchte wirklich nie wieder joggen gehen. Ich kann auch anders abnehmen. Kalorien reduzieren. Schwimmen. Hypnose. Shakes. Magenband. Alles ist möglich.

Frau Pressel sieht aus, als hätte ich ihr eine Magnumflasche ihres Parfüms überreicht: sehr glücklich. »Das finde ich toll, Fräulein Blumenthal! Sieht gleich viel ordentlicher aus. Und sicher finden Sie auch in der Wohnung ein Plätzchen, wo die Schuhe stehen können.«

»Eher außerhalb der Wohnung«, murmle ich. »In der Mülltonne.«

»Ach? Haben Sie neue?«, will meine viel zu neugierige Nachbarin wissen.

»Nein, ich gehe nicht mehr joggen«, erkläre ich entschieden.

»Oh«, sagt Frau Pressel, während ihr Blick sehr langsam und sehr aussagekräftig meinen Körper entlangwandert. Der Blick bleibt genau an den Stellen hängen, die seit meinem Ausstieg aus dem Profisport-Business auf wundersame Weise die Flucht nach vorn angetreten haben. Und ihr »Oh« klingt genau wie der Laut, den ich von mir gebe, wenn Boris den letzten Pudding gegessen hat, ohne mich zu fragen, ob ich etwas abhaben will: vorwurfsvoll und anklagend.

Doch in dieser Sache muss ich Frau Pressel leider recht geben. Meine Entscheidung, mich im Sport vornehm zurückzuhalten, hat meiner 40-jährigen Figur – ich erwähnte es bereits – nicht gutgetan. Vermutlich nimmt es mir mein Körper sogar richtig übel, dass ich mich nicht mehr wöchentlich mit Tina quäle, zumindest gibt er sich keine Mühe mehr, in die Jeans hineinzupassen, die letztes Jahr noch eins a saß.

Normalerweise würde ich mir die Hose nun einfach eine Größe größer kaufen. Nur leider bin ich am oberen Ende der Konfektionsskala meines Lieblingsjeansherstellers angekommen. Was bedeutet: Ich könnte den Jeanshersteller mit einer Petition unter Druck setzen, Stichwort: #bodypositivity. Das brächte mir aber mehr Aufmerksamkeit, als mir lieb ist.

Demzufolge *muss* ich meinen ausladenden Hintern endlich wieder hochkriegen, Wette hin oder her. Der nächste Sommer kommt ja auch. Bis dahin sollte ich die Frühlingsrollen losgeworden sein, wenn ich sie nicht ganzjährig in die Quetschweg-Wäsche schießen will, die ich seit geraumer Zeit trage. Von der Bikinifigur ganz zu schweigen. Es wird ja auch immer wärmer, wegen Klimakrise und so, da sollte man auf sehr heiße Jahreszeiten vorbereitet sein. Und selbst wenn ich es bis zum Sommer nicht schaffe, spätestens am 31. Dezember *müssen* die acht Kilo unten sein, wenn ich die anderen nicht in den Kurzurlaub einladen will, wofür mir ehrlich gesagt das Geld fehlt.

Die Figur ist aber bei Weitem nicht meine einzige Problemzone. Schon vor dem verhängnisvollen Silvesterabend ist mir aufgefallen, dass ich doch etwas träge geworden bin. Auf Abendveranstaltungen wurde ich seit der Coronakrise nicht mehr gesichtet, für Kultur kann ich mich nicht aufraffen, und irgendwie kommt es mir so vor, als ob die Liste meiner ewigen To-dos immer länger wird.

Seit zwei Jahren habe ich vor, endlich mal wieder die Schränke auszumisten und mich des Gerümpels im Keller anzunehmen, das sich auf mirakulöse Weise genauso zu vervielfältigen scheint wie die Klamotten im Schrank, die ich nicht mehr gern anziehe, weil sie kneifen. Ich habe meine Vorhaben auf einen Zettel geschrieben, ihn mit einem Magneten an die Kühlschranktür gepinnt – und vergessen. Er ist mir erst wieder aufgefallen, als mir meine Kollegin Sophia eine Postkarte aus dem Urlaub geschickt hat, die ich über den nervigen Zettel habe hängen können. Meine Liste verschwindet hinter Ansichten der Cheops-Pyramide, dem frontalen Schnappschuss eines Esels (grinsend) von Mykonos oder den hübschen Blumenansichten von Madeira vor dem Atlantischen Ozean. Damit lösen sich meine Pläne in Luft auf. Simsalabim, hex-hex. Wenn doch nur alles so einfach wäre.

Bis ich das nächste Mal in den Keller gehe und mich über den ganzen Krempel ärgere, mein Fahrrad nicht benutzen kann, weil ich es natürlich *nicht* zur Werkstatt gebracht habe, und ich den Berg an Klamotten auf dem Stuhl neben dem Schrank nicht mehr ertrage, die da nur liegen, weil es a) die einzigen Kleider sind, die noch passen, und b) im Schrank einfach kein Platz mehr ist, weil da ja der ganze Rest darauf wartet, dass ich bei einer dieser Abnehmsendungen teilnehme.

In solchen Augenblicken denke ich immer: Einmal so hartnäckig wie Bauchfett sein. Das wär's.

Vermutlich ist das alles vererbt. Meine Mutter ist ähnlich gestrickt wie ich, allerdings bekommt sie irgendwann das, was sie ihren »Rappel« nennt. Sie ärgert sich zwei Minuten lang, weil sie die Steuer schon wieder bis zum letztmöglichen Termin verschleppt, das Chaos im Wohnzimmer nicht beseitigt und die Flüge so spät gebucht hat, dass sie das Doppelte im Vergleich zu vor drei Monaten kosten – dann krempelt sie die Ärmel hoch und legt richtig los. Sie entfesselt eine Energie, über die sich mein 30 Jahre jüngeres Ich nur wundern kann, fegt durch die Wohnung wie ein Tornado und erledigt alles, was zu tun ist, in weniger als 72 Stunden, um danach in eine 363-tägige Erholungsphase zu verfallen. Neulich habe ich von einer Blume gelesen, Königin der Nacht, die einmal im Jahr lediglich ein paar Stunden lang blüht und dabei den Geruch von Schokolade verströmt – um danach wieder ein ganzes Jahr lang nur ein ordinärer Kaktus zu sein.[1]

Bei mir ist es anders. Ich gehöre weder zur Fraktion Tabula rasa noch zur Gruppe der Jeden-Tag-ein-bisschen. Ich bin *immer* der Kaktus.

Immerhin, die Entscheidung, die Joggingschuhe endlich auszumisten, fiel mir genauso leicht, wie Frau Pressel mit einer gemurmelten Entschuldigung ins Casino zu entlassen. Alte Zöpfe soll man ja abschneiden, vor allem wenn das Jahr noch so jung ist. Nie wieder in den kommenden zwölf Monaten wird es mir so leicht fallen, neue Verhaltensweisen einzuüben und alte Marotten abzulegen. Heißt es. Aber wie man sieht, kämpfe ich in den ersten fünf Tagen des Jahres genauso sehr damit, mich in Bewegung zu setzen, wie in den folgenden 360. Und mal ehrlich: Nur weil ich einen neuen Kalender aufschlage, werde ich doch nicht sportlicher, ordentlicher und organisierter? Welchen Zusammenhang soll es da eigentlich geben? Unsere Zeitrechnung ist doch sowieso ziemlich willkürlich. In unserer Kultur feiern wir den Jahreswechsel am 31. Dezember. In China wird er aber zwischen dem 21. Januar und 20. Februar begangen, in Thailand und Laos zwischen dem 13. und 15. April, in Äthiopien am 11. September. (Was gut zu wissen ist für die Silvesterplanung der kommenden Jahre …) Und das sind nur drei unterschiedliche Daten, die mir das Internet ausgespuckt hat. Natürlich habe ich den ersten Link angeklickt und nicht bis Seite 17 durchgescrollt, ich bin ja faul.

Warum also unbedingt die ersten Tage des Januars für neue Vorhaben verwenden? Da ist man doch eh so bräsig und faul von den Weihnachtsfeiertagen. Das Hirn ist verklebt von Zucker und Glühwein, die Muskeln sind aufgrund des feiertäglichen Müßiggangs herrlich erschlafft, Körper und Geist sind weich und wabbelig, und der Wille schläft den Rausch aus. Kein Wunder, dass man seine guten Vorsätze einfach vergisst, wenn da oben gar niemand anwesend ist, der die Bestellung annehmen kann. Wenn ich es recht bedenke, ist es sogar die beschissenste Zeit des ganzen Jahres, um mit irgendetwas Neuem anzufangen, für das man erwiesenermaßen Motivation und Energie braucht! Und dann soll man sich ausgerechnet seinen eigenen Macken und Marotten stellen? Die Routinen durchbrechen? Gewohnheiten ablegen? Süchte bezwingen? Ich plädiere dafür, gute Vorsätze auf den 11. Mai zu verschieben. Oder noch besser, auf den 29. Februar. Der findet nur alle vier Jahre statt.

Ich befürchte aber, ich werde keine Kulturrevolution in Gang setzen. Die Menschen sind es gewohnt, am 1. Januar mit den guten Veränderungen loszulegen. In dieser Zeit sind die Buchhandlungen voll mit Büchern, die zeigen, wie das neue, frische, gesunde Leben aussehen kann, wenn man sich nur ein klitzekleines bisschen Mühe gibt. Gesellschaftlich ist keine andere Zeit im Jahr so anerkannt wie die ersten Tage nach dem Jahreswechsel, um den Glimmstängeln ein für alle Mal zu entsagen (armer Arne!), den veganen Januar zu zelebrieren, Alkohol zu fasten, mit Sport anzufangen, in Wohnung und Beziehung aufzuräumen, Unrat auszumisten, manchmal auch den eigenen Partner mit dem alten, nadelnden Tannenbaum vor die Tür zu setzen (armer Malte!) und ein in Gänze völlig anderes Leben zu beginnen. Ganz offenbar öffnet sich in diesen Tagen auf wundersame, übernatürliche Weise ein Fenster im Raum-Zeit-Kontinuum, das den Blick auf eine glänzende, goldene Zukunft ermöglicht, eine bessere Version des eigenen Selbst, die beste Variante unseres bemitleidenswerten Daseins. Siehe!, donnert die göttliche Stimme über das Meer aus Licht, dies ist der Mensch, der du sein *könntest!* Und wir, diese fleischlichen, armseligen Wichte, flattern dem heilsversprechenden Leuchten entgegen wie die sprichwörtlichen Motten, nur um spätestens am 10. Januar zu merken, dass der Olle auf der Matratze nebenan immer noch schnarcht, die Diät bislang nur aus Cheatdays besteht und wir im Hamsterrad, das wir Leben nennen, schon wieder unsere Runden drehen.

Trotzdem geloben wir jedes Jahr aufs Neue Besserung. Im Dezember 2022 wurden 1001 Menschen nach ihren guten Vorsätzen befragt. 67 Prozent gaben an, im neuen Jahr Stress vermeiden zu wollen. 64 Prozent behaupteten, mehr Zeit für Freunde und Familie haben zu wollen … obwohl ich nicht weiß, wie das mit der Stressvermeidung zusammengehen soll. Ebenfalls 64 Prozent wollten sich umwelt- und klimafreundlicher verhalten. Und immerhin 61 Prozent beabsichtigten, mehr Sport zu treiben.[2] Mehr Zeit für sich selbst, gesünder ernähren, sparsamer sein, weniger Fleisch essen, abnehmen, weniger am Handy und Computer abhängen, weniger fernsehen, weniger Alkohol. Klingt alles toll, würde ich nichts dagegen sagen.

Allein: Mit dem Schreiben einer To-do-Liste ist es ja leider nicht getan – man muss schon auch die Häkchen dranmachen. Doch bereits Johann Wolfgang von Goethe wusste: »Gut ist der Vorsatz, aber die Erfüllung ist schwer.« Und Mann, der alte Knacker hatte recht. Laut einer weiteren Umfrage halten sich nämlich nur die wenigsten Menschen an ihre guten Vorsätze. Von 233 Befragten gaben satte 80 Prozent an, dass sie ihre Vorhaben in den Wind geschossen hätten. Immerhin 27 Prozent davon gelang es, mehr als zwei Monate durchzuhalten. 12 Prozent knickten nach einem Monat ein, weitere 12 Prozent nach zwei bis drei Wochen. Wenigstens 6 Prozent hielten eine Woche durch, und gerade einmal einen Tag lang weitere 6 Prozent. Und dann gab es noch die 3 Prozent, die zugaben, dass sie nach wenigen Stunden bereits die Flinte ins Korn geworfen hatten.[3]

Wenige. *Stunden.*

Zum ersten Mal, seitdem ich über meine eigenen Vorhaben nachdenke, deren Haltbarkeit in der letzten Statistik vermutlich zu einer eigenen Kategorie *(sofort wieder vergessen)* geführt hätten, fühle ich mich besser. Offenbar leide ich nicht als Einzige unter der Guter-Vorsatz-Amnesie. Eben waren die Intentionen noch da … und kurz darauf sind sie wieder weg. It's magic. Ob es Selbsthilfegruppen für so was gibt?

Es ist merkwürdig, dass Menschen trotz all der wissenschaftlichen Untersuchungen und der eigenen Erfahrungen Jahr für Jahr glauben: Nach dem Jahreswechsel wird es anders. Eine neue Zeitrechnung bricht an! Dieses Mal werde ich dranbleiben und endlich durchziehen, was ich mir vorgenommen habe. Es kann einfach kein Zufall sein, dass es im Januar und Februar in den Magazinen von Diät- und Fastenkuren nur so wimmelt und Fitnessstudios die meisten Neuanmeldungen verzeichnen, angeblich sind es sogar 30 Prozent mehr als im Rest des Jahres.[4]

Ich gebe zu, dass ich jeden bewundere, der es bis zum Tresen eines Fitnessstudios geschafft und ein Probetraining absolviert hat. Ich würde mich ins Auto setzen, losfahren … und bei Ikea ankommen.

Dabei habe ich in der Vergangenheit wirklich alles versucht, um meine Pläne in die Tat umzusetzen. Vor ein paar Jahren habe ich mir sogar spirituelle Unterstützung geholt und ein

Raunachtsritual vollzogen. Insgesamt habe ich 13 Wünsche auf Zettelchen geschrieben und nacheinander zwischen dem 26. Dezember und dem 6. Januar verbrannt, jeden Tag ein Zettelchen mit einem Wunsch darauf. Zwölf davon sollte das Universum für mich übernehmen – nur einen einzigen habe ich selbst erledigen müssen. Ein guter Deal, in meinen Augen, perfekt geeignet für eine faule Socke wie mich. Aber selbst das verdammte Universum ist in Sachen Selbstoptimierung gegen mich! Es hat keinen einzigen meiner zwölf Wünsche erfüllt. Da darf es niemanden verwundern, dass ich den einen, den ich selbst bearbeiten sollte, nicht angerührt habe, und gute Vorsätze seitdem meide wie der Teufel das Weihwasser.

Vor Kurzem sind mir die 13 Wünsche wieder in die Hände gefallen, die sich in meinem Handy in den Notizen vor mir versteckt haben. Im Grunde sind sie wie neu, da ja quasi unangetastet. Falls noch jemand welche braucht, ich teile gern. Es handelt sich um:

Evergreens

- fünf Kilo abnehmen (ja, damals waren es noch fünf Kilo, heute bin ich schon drei Kilo weiter)
- mehr Bewegung
- gesünder essen
- mehr trinken (kein Alkohol!)
- weniger Geld ausgeben

Eventualitäten

- häufiger mit dem Hund trainieren
- ordentlicher sein
- besseres Zeitmanagement
- weniger TV, mehr lesen
- weniger am Smartphone abhängen

Utopien

- freundlicher zu Boris sein
- mehr Gehalt einfordern
- weniger faul sein

Und nichts davon ist wahr geworden. Weil ich einfach nicht die nötige Motivation aufbringe, von der Disziplin ganz zu schweigen. Und weil ich, bevor ich überhaupt etwas tun kann, vergesse, was ich vorgehabt habe.

Woran liegt das? Ich meine, es ist ja nicht so, dass ich nicht schlank, ausgeglichen, vermögend, pH-neutral und belesen sein möchte. Ich habe nur keine Lust, mich dafür anzustrengen. Tina, die Psychologin ist und mir immer wieder die geheimen Irrungen und Wirrungen meines Oberstübchens erklärt, würde jetzt vermutlich sagen, dass mein Leidensdruck nicht groß genug ist. Eigentlich fangen Menschen nur dann an zu handeln, wenn sie merken, dass sie unglücklich werden oder mit dem alten Verhalten nicht mehr weiterkommen. Auch Krankheiten, Schicksalsschläge, Trennungen und so weiter helfen, die nötige Motivation für die Veränderung aufzubringen.

Aber will ich echt so lange warten? Bis es nicht mehr anders *geht?* Bis ich mich ändern *muss* und nicht mehr ändern *darf?* Wie bequem kann ein einzelner Mensch eigentlich sein? Ist das schon pathologisch? Und gibt es da Behandlungsmöglichkeiten, die idealerweise sogar die Krankenkasse übernimmt?

Gott, bist du anstrengend!, flüstert eine Stimme in meinem Inneren. Aus lauter Frust über meine eigene Unfähigkeit lasse ich mich auf die Couch sinken und schalte den Fernseher an. Eine Weile klicke ich durch das Programm, nichts interessiert mich wirklich, und trotzdem bleibe ich überall ein bisschen hängen. Fernseher, aber auch Netflix und die Feeds der sozialen Medien sind für Menschen meines Kalibers ein wahres

Bermudadreieck. Ich verschwinde zwischen den Posts, Videos und Clips, es gibt keinen Anfang und kein Ende, nach einem Track spielt automatisch der nächste ab, ein Strudel der Bilder und Melodien, der mich langsam ganz dösig macht.

Aber dann lande ich bei einer Dokumentation über die Tiere des Regenwalds. Ich schaue einem Komodowaran, der größten Echse der Welt, dabei zu, wie er auf die Jagd nach Insekten geht, bewundere den Ozelot beim Bad in einem tropischen See und freue mich schließlich sehr, als mein Lieblingstier, das Faultier, über die Mattscheibe flimmert und in Super-Slow-Motion an ein paar Blättern knabbert. Die Langsamkeit des Faultiers macht mich so dermaßen müde, dass ich irgendwann die Augen schließe und meine Gedanken schweifen lasse.

Ich tagträume davon, wie mein Leben aussähe, wenn ich weniger faul oder vergesslich wäre. Wenn ich mich aufraffen würde, um meine Wünsche in Erfüllung gehen zu lassen, anstatt an ein Universum zu schreiben, das offensichtlich seinen Briefkasten nicht leert. Ich könnte weniger wiegen. Fitter sein. Energetischer. Gesünder. Ausgeglichener. Basischer. Belesener. Informierter. Politischer. Attraktiver. Glücklicher.

Wie wäre es wohl, wenn ich nicht ständig das Gefühl hätte, durch eine zähe Masse zu waten, die mich davon abhält, die beste Version meiner selbst zu sein? Wie wäre es, sich nicht wie die Mayonnaise zu fühlen, sondern wie die leichte Salatcreme aus der Miracle-Whip-Werbung? Wenn nicht jede meiner Bewegungen von diesem satten »Whoap-whoap« begleitet würde, sondern ich durch meinen Alltag tänzelte? Nicht nur erschlankt, sondern auch erleichtert, weil ich keinen Berg voller Aufgaben vor mir hätte, lediglich ein paar sanfte Hügel? Wie fühlt sich das Leben eigentlich an, wenn es von Selbstbestimmung und Zufriedenheit erfüllt ist? Weil man die Dinge erledigt, die man sich vornimmt? Weil man nicht im Hätte-würde-wollte-könnte festhängt? Weil es keinen Konjunktiv mehr gäbe (ha!), zu dem man manchmal neidvoll hochguckt, den man aber einfach nicht zu greifen bekommt, weil einem sogar die Kraft fehlt, sich auf die Zehenspitzen zu stellen?

Im Hintergrund läuft noch immer die Doku, ich höre Tiergeräusche. Dann sagt die Stimme aus dem Off: »Manche Faultiere fahren ihren Kreislauf so weit herunter, dass sie aus Versehen sterben.«

Hastig setze ich mich aufrecht hin. Die meisten Unfälle passieren erwiesenermaßen im Haushalt.

Moment mal. Was mache ich hier bitte? Warum liege ich hier rum, anstatt mich endlich aufzuraffen? Muss sich das überhaupt so anstrengend anfühlen? Und was lasse ich mir eigentlich alles durch die Lappen gehen, nur weil ich lieber auf dem Sofa abhänge? Ich bin gerade einmal 40 Jahre alt! Ich kann mich doch mental nicht schon in Rente schicken, mich darauf ausruhen, dass ich lieber neben meinem inneren Faultier hocken und für alle Zeiten in meinem mehr oder weniger fehlerbehafteten Dasein hängen bleibe. Ich brauche doch Ziele im Leben, und wenn es nur die alte, kneifende Jeans im Kleiderschrank ist, die mir eines schönen Tages wieder passen soll. Auf keinen Fall will ich Tina, Malte und den anderen gegenüber zugeben: Ja, sorry, konnte mich nicht um meine Vorsätze kümmern, musste noch entspannen. Wovon denn, bitte schön?

Ich habe genug entspannt! Und ich sollte höhere Ansprüche an mich haben. Ausreden verbrennen keine Kalorien! So geht das nicht mehr, beschließe ich, und mache hastig den Fernseher aus.

Dann springe ich so schnell vom Sofa auf, dass der Hund sich erschrickt und mir schwindelig wird, fange mich wieder, laufe zum Fenster und öffne es. Wenn nichts anderes hilft, stoßlüften, das ist eine alte deutsche Weisheit. Kalte Januarluft dringt ins etwas zu warme Wohnzimmer, der Hund wirft mir einen verächtlichen Blick zu und ringelt sich zur Zimtschnecke zusammen.

»Gewöhn dich besser dran«, rufe ich ihm zu, »hier weht bald ein anderer Wind!«

Der Hund schnauft, dann geht die Tür auf, und Boris kommt herein. »Was ist denn hier los?«, will er überrascht wissen.

»Ich werde mich ändern«, verkünde ich in einem Größenwahn, der mich kurz schwanken lässt. Weil ich am offenen Fenster stehe, komme ich mir ein wenig wie eine Regentin vor, die zu ihrem Volk spricht, das sich vor dem Palast versammelt hat. Im Hof picken aber nur ein paar Krähen herum, immerhin legt eine den Kopf schief und schaut mich an. »Grundlegend.«

»Schon wieder?« Boris tritt neben mich und schließt das Fenster. Er macht ein missmutiges Gesicht. »Hat es nicht gereicht, dass du gelernt hast, wie man streitet?«

»Diesmal wird mein Update keine Auswirkung auf dich haben«, beruhige ich ihn. »Ich werde mich verändern und zu einer besseren Version meiner selbst werden. Dieser Müßiggang muss ein Ende haben! Ich kann mir doch nicht das Leben von einem Faultier diktieren lassen.«

Boris blinzelt, offenbar versteht er nur Bahnhof. »Wolltest du nicht nur ein paar Kilo abnehmen?«

»Du hast den Purpose vergessen. Aber wenn ich schon mal dabei bin, kann ich mich gleich auch noch um den Rest kümmern.«

»Welchen Rest?!«

»Also da gibt es schon einige Dinge, die ich in Zukunft gern anders machen würde.« Ich drücke die Schultern nach hinten. »Ich möchte ordentlicher werden. Und organisierter. Weniger Handy, mehr Investition in mich selbst.«

Boris zieht eine Augenbraue hoch. »Aha.«

»Auf der Liste steht auch, dass ich netter zu dir sein möchte.«

Er blinzelt. »Jetzt machst du mir aber Angst. Muss das denn sein? Kann nicht einfach alles so bleiben, wie es ist?« Boris rückt ein bisschen näher und nimmt mich in den Arm. »Ich mag dich so … unperfekt.«

Ich schnaufe. Und schüttle ihn ab.

»Was habe ich da nur angerichtet?«, fragt er fassungslos. »Ich hätte die Klappe halten sollen an Silvester! Jetzt wird es hier wieder so ungemütlich.«

»Sicher nicht«, wiegele ich ab.

»Versprich es.«

»Hoch und heilig!« Ich halte ihm die Hand zum Einschlagen hin. »Mit Spucke drauf.«

Boris zögert, schaut meine Hand an. Schließlich schlägt er ein und sagt: »Ach, was soll's. Du wirst eh in drei Tagen einknicken.«

»Entschuldigung?«

»Lea, du bist vieles, aber konsequent bist du nicht«, erklärt er in einem Tonfall, aus dem unmissverständlich hervorgeht, dass er mich nicht ernst nimmt. Wie auch? »Und solange wir uns nicht in die Quere kommen, habe ich kein Problem.«

Er nickt mir zu, dann setzt er sich genau in die Kuhle auf dem Sofa, die am allergemütlichsten ist. Der Hund hebt den Kopf und legt ihn auf Boris' Bein ab. Beide seufzen vor Glück.

Boris schaltet den Fernseher an. Das Faultier ist aus Versehen während seiner Schlafphase vom Baum gefallen.

Leider saß darunter ein Jaguar, der sich über den überraschenden Snack sichtlich erfreut zeigt.

Alles klar. Dann mal ran an die Buletten.

Test: Welcher Umsetzungstyp bist du?

1. Wie viel Zeit investierst du pro Woche in die Selbstoptimierung?

- Frag mich das nächste Woche noch mal. (D)
- Ich habe keine Zeit für Selbstoptimierung. (B)
- So viel wie nötig, so wenig wie möglich. (C)
- Ich tue nichts anderes. (A)

2. Was stört dich derzeit in deinem Leben?

- Ich verstehe das Konzept von Work-Life-Balance nicht. (A)
- Ich finde es lästig, mich ständig aufraffen zu müssen. (C)
- Ich verliere manchmal den Überblick. (B)
- Ich hänge nur ab. (D)

3. Wie motiviert bist du?

- Schaffe, schaffe, Häusle baue. (A)
- Moti-was? (D)
- Ich fang erst mal an – und dann schauen wir weiter. (B)
- Kommt drauf an, wie hungrig ich bin. (C)

4. Wie gehst du mit Rückschlägen um?

- Sie demotivieren mich. (D)
- Ich suche mir Hilfe. (A)
- Einfach weitermachen. (B)
- Ich suche den Grund und haue ihm aufs Maul. (C)

5. Wie würde sich dein Leben ändern, wenn du drei Wünsche freihättest?

- Wieso nur drei? (C)
- Uff. Darüber muss ich erst mal nachdenken. (D)
- Endlich keine Freizeit mehr! (A)
- Ändern? Ich will doch nichts ändern. (B)

6. Welches Motto passt zu dir?

- Ich war mal motiviert, aber jetzt geht es eigentlich wieder. (C)
- Stärke wächst nicht aus körperlicher Kraft – vielmehr aus unbeugsamem Willen. (A)
- Morgen ist auch noch ein Tag. (D)
- Hätte, sollte, könnte, würde – MACHEN! (B)

7. Wenn du die Wahl hast, wie verhältst du dich?

- Gas geben (B)
- Alles geben (A)
- Einen Scheiß drauf geben (C)
- Aufgeben (D)

Auflösung

Zähle zusammen, wie oft du A, B, C oder D angekreuzt hast, und lies nach, welchem Tier du am ähnlichsten bist.

Typ A: Ameise

Dein Motto: ***Man ist nie zu klein, um Großartiges zu leisten.*** Ordentlich, fleißig und mit einem überragenden Sinn für Gemeinschaft ausgestattet: Es gibt wohl kein Tier auf der Welt, das so für Umsetzungskraft steht wie die Ameise. Mit ihren

Zangen kann sie das Zehnfache ihres eigenen Gewichts tragen. Vor allem aber in der Zusammenarbeit mit anderen wird die Ameise zum Superhelden. Die größte bekannte Ameisenkolonie der Welt ist stolze 5760 Kilometer lang und erstreckt sich von Italien bis in Spaniens Nordwesten. Mehrere Millionen Nester und Abermilliarden von Ameisen haben sich für diesen Riesenbau zusammengeschlossen. Das Beste aber ist, dass Ameisen mit ihrem Engagement dazu beitragen, die Wälder gesund zu halten, denn sie lockern durch ihre immerwährende Arbeit die Böden auf, womit sie den Pflanzen beim Wachstum helfen. Loyalität ist dabei der wichtigste Antreiber: Wird beispielsweise ein Ameisennest vom Menschen umgesiedelt und dabei nur eine einzige Ameise vergessen, macht sich ein Rettungstrupp auf, um die verlorene Schwestern zu suchen. Das ist echter Teamspirit.

Typ B: Maulwurf

Dein Motto: ***Es gibt nichts Gutes, außer man tut es.***

Es gibt nur wenige Tiere, die sich mit einem solch blinden Aktionismus an die Arbeit machen. Maulwürfe graben täglich bis zu 200 Meter lange Tunnel und vertilgen dabei im Jahr bis zu 40 Kilo Regenwürmer und Insekten. Binnen einer Nacht kann ein einziger Maulwurf die monatelange Fleißarbeit eines Hobbygärtners zunichtemachen. Dabei ist der Maulwurf alles, aber kein Teamplayer. Der Maulwurf hat schlicht und ergreifend keine Zeit für Gesellschaft. Dabei geht er sogar so weit, mit seinem Urin die Tunnelgänge zu besprenkeln, um Eindringlingen und Artgenossen zu verklickern: Verpiss dich!

Typ C: Löwe

Dein Motto: *Unterschätz mich ruhig. Das wird lustig.*

Er reißt das Maul ganz weit auf, markiert mit seinem markerschütternden Gebrüll den Obermacker – und lässt am liebsten die anderen arbeiten, vor allem die Weibchen, als deren Ordnungsmacht und Beschützer er sich aufspielt. Als Spitze der Nahrungskette hat der Löwe die meiste Zeit des Tages relativ wenig zu befürchten, weshalb er konsequenterweise auch bis zu 20 Stunden am Tag schläft. Aber wehe, jemand steht ihm in der Sonne oder beansprucht seinen Anteil der Beute! Dann kommt Leben in den Sonnenanbeter. Der Löwe ist ein großartiger Sprinter, der in sehr kurzer Zeit beste Ergebnisse abliefern kann. Dafür lässt er sich natürlich auch ordentlich feiern, bevor er sich zu einem ausgedehnten Nap wieder auf die faule Haut legt.

Typ D: Faultier

Dein Motto: *Ich kam, sah und chillte.*

Der Schlafzimmerblick sagt eigentlich schon alles: Bei Faultieren geht es nur in Zeitlupe voran. Sie lassen sich durch nichts und niemanden stören und bewegen sich so langsam voran, dass man beim Zuschauen auch schon mal einschlafen kann. Mit Faulheit hat das aber rein gar nichts zu tun, Faultiere haben durch ihren Energiesparmodus nämlich einen evolutionären Vorteil entwickelt. Da sie ganz oben in den Wipfeln der Bäume leben, ernähren sie sich von nährstoffarmen Blättern, die ansonsten keiner haben will, und sind gleichzeitig vor Fressfeinden sicher. Nicht mal für die körpereigene Wärme bringen sie Energie auf: Sie können ihre Körperwärme auf bis zu acht Grad runterregulieren, damit sie ihren Stoffwechsel nicht beschleunigen müssen. Das ist Energieeffizienz in Reinform! Gefährlich wird es für das Faultier nur, wenn es sich vom Baum runterbewegt, und das passiert lediglich alle ein bis zwei Wochen – für den Toilettengang.

2

WOLLEN IST WIE MACHEN FÜR FAULE

Sternzeichen Faultier, Aszendent Couch: Wieso manche Menschen lieber auf dem Sofa bleiben

Es gibt Menschen, die springen aus dem Bett wie Brotscheiben aus dem Toaster. Ich bin eher das Brötchen, das mit der beschmierten Seite nach unten fällt.

Und liegen bleibt.

Der erste Tag meines neuen Lebens fühlt sich erst mal beschissen an.

Ich bin gestern nämlich auf die glorreiche Idee gekommen, gleich an meinen liebsten Gewohnheiten herumzudoktern. Als ich wieder einmal länger als nötig durch Instagram gescrollt bin, habe ich gelesen, dass erfolgreiche Menschen den Tag bereits um 4 Uhr 30 starten. Mit erfolgreichen Menschen meine ich Leute wie Claus Hipp oder den CEO von Apple, Tim Cook, also Personen, die es allem Anschein nach zu etwas gebracht haben.[5] Die Studie eines Matratzenherstellers aus den USA[6] konnte die steile These zu meinem Leidwesen sogar belegen. Sie fand heraus, dass Menschen, die bereits um 4 Uhr morgens aufstehen, von allen Befragten am produktivsten sind. Und (das macht mich richtig fertig): über das höchste Gehalt verfügen. Es scheint also einen signifikanten Zusammenhang zwischen frühem Aufstehen und der Einkommensklasse zu geben.

Tja. Das hab ich jetzt also davon, dass ich meine Zeit in den sozialen Medien vergeude.

Denn aus einem Grund, den ich heute, mit tiefen Augenringen, nicht mehr nachvollziehen kann, habe ich gestern gedacht, dass es eine gute Idee sei, ebenfalls dem 4-Uhr-30-Club[7] beizutreten – um gleich alle Fliegen mit einer Klappe zu schlagen. Vielleicht liegt meine Faulheit ja nur an der Aufstehzeit, habe ich gedacht. Möglicherweise werde ich in Summe motivierter und durchsetzungsstärker, wenn ich mich einfach viel früher aus dem Bett quäle.

Vermutlich hat mich folgende Information zu meinem wahnsinnigen Handeln verleitet: nämlich, dass mich meine Schlafzeiten statistisch betrachtet zum Loser machen. Die Studie, von der ich bereits sprach, ergab auch, dass von den Spätaufstehern gerade einmal 36 Prozent das schafften, was sie sich für den Tag vorgenommen hatten. Unter den Frühaufstehern waren es 71 Prozent. Knapp das Doppelte.[8] Zuerst bin ich geschockt gewesen, dann habe ich in einem Anflug von Wahnsinn gedacht, dass ich es auf einen Versuch ja mal ankommen lassen könnte.

Der Einfall ist leider nur so lange gut gewesen, bis der Wecker das erste Mal geklingelt hat. Mitten in der Nacht.

Es scheint fast überflüssig zu erwähnen, dass ich von Natur aus nicht zu den Lerchen gehöre – aber eine Eule bin ich auch nicht. Eher so ein Koala, der es auf bis zu 22 Stunden Schlaf pro Tag bringt. Ich empfinde Aufstehen als Körperverletzung, und damit meine ich alles vor 9 Uhr. Der frühe Vogel kann mich nicht nur gernhaben, er bekommt von mir aus auch den Wurm, wenn er dafür Kaffee aufsetzt.

Ich verrate nicht zu viel, wenn ich sage: Es wird bei einem Versuch bleiben. Als mein Wecker nämlich heute früh um 4 Uhr 30 geklingelt hat, hat mir Boris erst mal ein Kissen ins Gesicht geschlagen. Ich habe geblinzelt, mich umgesehen, keinen Wurm entdeckt und bin erschöpft zurück ins Kissen gesunken. Und habe auf Snooze gedrückt.

Und wieder.

Und wieder.

Und wieder.

Die Snooze-Taste muss von einem Sadisten erfunden worden sein. Auf Zigarettenschachteln prangen Bilder von Raucherbeinen, von Krebs zerfressenen Lungenflügeln und Schnullern, in denen ein Glimmstängel steckt – aber auf Smartphones gibt es keine Sicherheitshinweise. Ein eklatanter Fehler, denn von Handys geht bekanntermaßen eine immense Gefahr aus. Man kann in den sozialen Medien auf dumme Ideen kommen. Oder in Candy Crush verloren gehen. Oder man stellt sich früh am Morgen einen Wecker und drückt auf Snooze.

Das Problem dabei ist: Wird man vom Wecker in der Schlafphase geweckt und aktiviert den Schlummermodus, gibt das Handy für ein paar weitere Minuten Ruhe … und man selbst sinkt wieder in eine Schlafphase. Und jetzt wird es kritisch: Der Körper schüttet zu Beginn der nächsten Schlafeinheit massenweise Melatonin aus, um den Schlafenden schnell zurück ins Lummerland zu befördern.[9] Drei bis vier Stunden dauert so eine Schlafeinheit eigentlich, durch die Snooze-Taste wird sie aber nach durchschnittlich neun Minuten wieder unterbrochen – wobei ordentlich Adrenalin ausgeschüttet wird. Schlaftrunken drücken wir wieder auf Snooze und dämmern erneut weg. An der Hormonbar wird ein neuer Melatonin-Cocktail zubereitet, der uns noch tiefer in den Schlaf sinken lässt. Dann wieder: Wecker! Adrenalin. Snooze! Melatonin. Das ist in etwa so, als würde man im Viertelstundenrhythmus abwechselnd Tranquilizer und Koks einwerfen.

Kein Wunder, dass ich mich heute Morgen nicht ausgeruht fühle, sondern eher so, als hätte man mich durch einen Fleischwolf gedreht. Mein Gehirn wird Ewigkeiten brauchen, um das hormonelle Durcheinander wieder ins Gleichgewicht zu bringen. Ich fühle mich wie nach einer Party, auf der ich Bier, Wein, Schnaps und Alkopops durcheinandergesoffen habe: verkatert und hochgewürgt. Nicht der beste Zustand, um die Welt zu retten.

Das Schlimmste aber ist, dass mir im Zwischenreich von Wach- und Schlafzustand klar wird, dass ich nicht nur beim Aufstehen auf die falsche Taste drücke. Auch meine Vorhaben werden von mir immer weitergesnoozt. Tag für Tag, Woche für Woche, Monat für Monat. Ich schiebe und schiebe und schiebe das Unvermeidliche auf, bis der Berg so groß ist, dass ich allein beim Gedanken an die Besteigung zusammenbreche.

Als ich gegen halb acht in einem desaströsen Zustand in die Küche komme, hat Boris unerträglich gute Laune.

»Na, Schlafmütze? Sag mal, was war denn das heute Nacht?«

»Ich habe versucht, früher aufzustehen«, antworte ich und gähne hemmungslos. »Erfolgreiche Menschen stehen um halb fünf auf.«

Boris schaut mich entgeistert an. »Aber du bist kein erfolgreicher Mensch!«

»Ja, eben.«

Er räuspert sich. »Ich kann dir nur raten, das mit dem frühen Aufstehen anders zu regeln oder dir einen alternativen Schlafplatz zu suchen. Ansonsten bist du bald nicht nur kein erfolgreicher Mensch, sondern auch einer ohne Beziehung.« Und dabei lachelt er sogar.

Ich nicke matt. Es ist viel zu früh für eine Diskussion, außerdem weiß ich, dass er recht hat. 4 Uhr 30 mag für die Menschen eine annehmbare Aufstehzeit sein, die sonst keine Freude im Leben haben, aber solange ich kein börsennotiertes Unternehmen führe, halte ich halb sieben für absolut ausreichend. Geld verdirbt ja sowieso den Charakter.

Unter der Dusche lasse ich das warme Wasser auf meinen Kopf prasseln und schließe die Augen. Eigentlich hatte ich vor, während des Einseifens das Wasser abzustellen (aus Gründen des Umweltschutzes) und die Temperatur runterzudrehen (aus Gründen der Selbstverachtung), aber möglicherweise ist morgen ein besserer Tag, um mit meinen verrückten Ideen anzufangen. Ich darf ja nett zu mir sein, ohne dass ich gleich wieder alle Vorhaben über Bord werfen muss.

Aber wie machen das eigentlich die Frauen von #thatgirl? Sind sie zwischendurch auch mal nachsichtig mit sich selbst? Kasteien die sich nur vor der Kamera? Oder meinen die das wirklich ernst?

Bei #thatgirl handelt es sich um einen Hashtag, der seit einiger Zeit in den sozialen Medien kursiert. Er soll jungen Frauen auf Social Media dabei helfen, das Beste aus dem Tag herauszuholen. Dieser Tag beginnt, genau wie bei den erfolgreichsten Managern des Planeten, mitten in der Nacht und wird durch den Verzehr eines halben Liters lauwarmen Zitronenwassers eingeläutet. Während ich im Halbschlaf gerade mal den Weg zur Kaffeemaschine finde, haben diese Damen also schon die erste Detox-Kur hinter sich. Und es geht vielversprechend weiter. Nach der inneren Reinigung (bei mir: Toilettengang im Dunkeln, um den Blick in den Spiegel zu vermeiden) folgt ein mindestens halbstündiges Work-out, dann wird meditiert, anschließend schreiben sie in ihr Dankbarkeitstagebuch bei einem grünen Smoothie, der aus allem besteht, was das heimische Aquarium so hergibt, hauptsächlich Algen und Grünkohl. Danach räumen sie die klinisch ordentliche Bude auf, indem sie ihre stylishen Magazine auf dem staubfreien Wohnzimmertisch neu ausrichten, schreiben sich einen Tagesplan und führen eine mindestens halbstündige Schönheitsroutine durch, bevor sie um kurz vor acht gut gelaunt, bestens angezogen und mit sichtbarem Glow das Haus verlassen.

Ich mache es kurz: Diese Wesen, die ganz sicher nicht von der Erde kommen, haben in den ersten drei Stunden des Tages schon mehr erledigt als ich in meinen wachen Momenten in Summe. Ich bin von vorn bis hinten neidisch.

Wie machen die das? Machen die das nur für Instagram, oder ist das wirklich ihr echtes Leben? Was muss ich tun, um auch so ein #thatgirl zu werden?

Eigentlich funktioniert mein Gehirn ganz einfach: Wenn etwas unerreichbar scheint, lasse ich es bleiben. Ein Marathon zum Beispiel. Oder die erste Million vor dem 30. Lebensjahr. Das hängt vermutlich mit meinem alten Französischlehrer zusammen, der mir immer absichtlich eine Vier gegeben hat, damit ich mich mehr anstrenge – doch das motiviert mich nicht. Grüne Smoothies und Pilates vor dem Frühstück sind also eigentlich unerreichbar für mich. Von den Dankbarkeitstagebüchern will ich gar nicht erst anfangen. Und trotzdem lösen diese perfekt manikürten, elfenhaften Wesen etwas in mir aus. Ich will das auch. Wenigstens ein bisschen. Mein Glück: Es gibt Videoanleitungen, wie man #thatgirl wird, sogar Listen mit Gegenständen, die man dazu braucht.

Also schaue ich mir frisch geduscht und kuschelig im Bademantel eingewickelt ein YouTube-Tutorial an, in dem eine englischsprachige Frauenstimme zu ästhetischen Bildern erklärt, wie man zu einem dieser Wesen wird. Bereits bei der ersten Einstellung fällt mir fast die Tasse aus der Hand, als eine Schublade geöffnet wird: Darin befinden sich rechteckige Plastikbehälter, die den Inhalt der Schublade organisieren. Die Stifte liegen brav und ordentlich nebeneinander, als würde Fräulein Rottenmeier persönlich sie beaufsichtigen. Es versteht sich von selbst, dass es zehn identische Kugelschreiber sind, nicht das chaotische Wirrwarr aus Werbegeschenken und Hotelzimmerdiebstählen, das bei uns überall in der Wohnung rumfliegt oder bestenfalls in einer angeschlagenen Tasse sein Dasein fristet. Neben den Stiften erkenne ich Aufladekabel, die samt und sonders aufgerollt und mit einem Clip gehalten werden. Meine eigenen Aufladekabel sind entweder mehrfach gebrochen und notdürftig mit Tesa geklebt, oder sie haben sich zu einem einzigen gordischen Knoten irgendwo in den Tiefen meiner Umhängetasche verheddert. Marie Kondo würde sich beim Anblick meiner Schubladen vermutlich den Strick nehmen – wenn sie ihn denn aus dem Knäuel lösen könnte.

O wow. Ich dachte, es wäre damit getan, wenn ich sehr früh aufstehe und mir irgendwas mit Algen zubereite. Nun aber begreife ich, dass ich, um #thatgirl zu werden, neben organisiertem Büromaterial allem Anschein nach auch Eiswürfelbehälter aus Silikon in Schmetterlings-, Ananas- oder Muschelform brauche, einen Hochleistungsmixer aus dem Gastrobedarf, diese glibschigen, tropfenförmigen Masken gegen Augenringe, sehr viel Gurkenwasser, eine Yogamatte und Kosmetikprodukte im Wert von mehreren Tausend Euro.

Und alles, was ich habe, ist eine Kaffeetasse in der Hand.

Am späten Vormittag kommt Boris in die Küche und schaut sich verwundert um. »Was ist denn hier passiert?«

»Ich habe aufgeräumt«, erwidere ich matt. Am liebsten würde ich mich wieder hinlegen. Dabei habe ich gerade mal eine Schublade und die Küchenarbeitsplatte geschafft.

»Das sehe ich. Und du hast … Post-its verwendet.«

Er lässt den Blick durch die Küche wandern, macht einen Schritt auf den Kühlschrank zu und zieht einen pinkfarbenen Klebezettel von der Tür. *»Du willst abnehmen!«*, liest er vor und schmunzelt. Dann geht er zum Wasserhahn. *»Mehr trinken!«* Als er die Süßigkeitenschublade öffnet, muss er lachen. *»Finger weg!* Das gilt aber nur für dich«, stellt er klar. Schließlich schaut er mich wieder an. »Und das soll helfen?«

Ich zucke mit den Schultern. »Ich hoffe es. Es ist immerhin ein Anfang.«

Leises Getrippel kommt näher, und der Hund streckt den Kopf zur Küche rein.

Boris sieht mich fragend an. »Und warum klebt da ein Zettel auf dem Hund?« Er bückt sich und zieht den Post-it ab, den ich am Halsband befestigt habe. »*Trainiere mich?* Also Lea, du hast doch echt einen Knall.«

Ich seufze laut und lang gezogen. »Einen Versuch ist es immerhin wert.«

»Warum gibt es eigentlich Menschen, die vor Energie übersprudeln, und andere finden es allein schon anstrengend, an die Erfüllung der eigenen Vorhaben zu denken?«, frage ich Tina.

Wir befinden uns auf der Alsterrunde. Tina joggt locker neben mir her, um ihre Taille trägt sie einen Gurt mit Energieriegeln, auf dem Rücken einen flachen Rucksack, aus dem ein durchsichtiger Schlauch bis vor ihren Mund führt. Sie trainiert für ihren Halbmarathon. Natürlich. Dass Tina ihr Vorhaben umsetzt, daran zweifelt niemand auch nur eine Sekunde lang. Dabei ist sie eigentlich ganz nett. Auf jeden Fall hat sie mir meine kleine Notlüge aus dem letzten Jahr vergeben, die mich dazu gebracht hat, sie einmal die Woche auf ihren Joggingrunden zu begleiten, und das, obwohl ich joggen hasse. Seitdem ich nicht mehr dabei bin, hat Tina augenscheinlich den Turbo gezündet. Kein Wunder, ohne Klotz am Bein kommt man eindeutig schneller voran. Jedenfalls hat meine Psychologenfreundin ein ordentliches Tempo drauf, ich muss mich anstrengen und in die Pedale treten, damit sie mir nicht davonläuft. Natürlich sitze ich auf einem Fahrrad, und natürlich muss ich zu meiner eigenen Beschämung gestehen, dass ich nicht mal um das Gleichgewicht kämpfen muss, weil meine joggende Begleitung wirklich sehr flott unterwegs ist. Immerhin: Es ist kein E-Bike.

»Das ist einerseits Typsache«, erklärt Tina und weicht einem quasselnden Mutterduo mit Kinderwagen aus. Ich bin etwas zu spät dran und muss den Lenker rumreißen, um nicht in die Frauen reinzurauschen.

Ich kenne die Geschichten von Leuten, die voller Enthusiasmus und erfüllt von guter Laune und Tatendrang in jeden Tag ihres Lebens starten. Die keine Probleme kennen, sondern nur Herausforderungen. Deren verdammtes Glas immer halb voll ist und deren Batterien sich offenbar von selbst aufladen. Aber mal im Ernst: Nur weil man die Geschichten kennt, muss man diese Leute noch lange nicht kennen. Und wer möchte mit so jemandem bitte befreundet sein? Oder gar: verwandt? Zusammen?! So viel Schaffenskraft würde mich beispielsweise völlig demoralisieren. Ich meide Menschen dieser Art deshalb großräumig.

»Und andererseits?«

»Übung.«

Das hatte ich befürchtet. Allem Anschein nach sind alle erstrebenswerten Eigenschaften mit Arbeit an sich selbst verbunden. Aber die sind doch auch nur eine Erscheinung unseres Zeitgeistes. Ich bin mir sicher, irgendwann in der Geschichte der Menschheit gab es eine Phase, in der Müßiggang das Maß aller Dinge war. Vielleicht bei den Römern? Die lagen doch auch nur rum, philosophierten und aßen Weintrauben. Zumindest diejenigen, die nicht in der Arena abgeschlachtet wurden.

Nun ist es aber leider so, dass ich nicht im antiken Rom lebe. Niemand reicht mir Weintrauben an oder wedelt mir mit Palmenblättern Luft zu. Das Mantra unserer Zeitrechnung lautet Effizienz, es geht darum, möglichst viel in einen Tag und ein Leben reinzustopfen, um in jeder Sekunde des eigenen Daseins aus dem Vollen zu schöpfen.

»Also kann man Disziplin trainieren?«, frage ich und strample noch ein wenig mehr, weil Tina gerade zu einem Sprint ansetzt. Das E-Bike wäre vielleicht doch eine Idee.

»Wenn es einem nicht in die Wiege gelegt wurde, ja.«

Tina schnauft nicht mal. Vielleicht mag ich sie doch nicht so gern. Überhaupt fühle ich mich heute wegen dieses Hashtags ziemlich unter Druck gesetzt. Zumindest in den Bereichen, die ich theoretisch auch erreichen könnte. Ich habe zum Beispiel kein Problem mit diesen Bekloppten, die den Ultraman-Triathlon auf Hawaii absolvieren, zwei Jahre für das Juraexamen büffeln oder unbedingt mal bei Victoria's Secret mitlaufen wollen. Denn all diese Dinge liegen so weit außerhalb meiner Reichweite, dass ich nicht mal auf die Idee kommen muss, da mitzumischen. Das wäre in etwa so, als wenn ich einen Millionär um seinen Reichtum beneide: völliger Quatsch.

Viel schlimmer finde ich, wenn ich auf Menschen treffe, deren Leistungen für mich wenigstens im Bereich des Möglichen liegen. Wie Tina, die dreimal die Woche joggen geht. Meine Kollegin Sophia, die eine Weiterbildung nach der anderen absolviert und mittlerweile mehr Jodeldiplome an der Wand ihres Büros hängen hat als ich Postkarten von ihren zahlreichen Ferienaufenthalten. Oder meine Cousine Anna, die jedes Jahr drei Wochen ihres Urlaubs an eine gemeinnützige Organisation »spendet« und als Freiwillige in rumänischen Tierheimen, an balinesischen Flussläufen oder in afrikanischen Schulen arbeitet. Das sind Sachen, die mich tierisch stressen, denn ich könnte sie theoretisch auch tun, wenn ich die Motivation dazu verspüren würde.

»Ist Motivation vererbbar?«, frage ich Tina, als sie nach anderthalb Runden um die Alster endlich eine Pause zum Stretchen einlegt. Ich stelle das Fahrrad ab und lasse mich auf die Bank plumpsen. Mein Gott, ich hasse Sport wirklich von ganzem Herzen.

Tina lächelt. »Ich fang mal vorn an.«

Sie hat nicht mal Schweißperlen auf der Stirn. Möglicherweise kann ich sie wirklich nicht gut leiden.

»Jedes Lebewesen, selbst der kleinste Einzeller, hat drei Bedürfnisse.«

»Lass mich raten«, mische ich mich ein. »Schlafen, Fressen und Ficken.« Ich grinse Tina an.

»Eher nicht. Aber was das wohl über dich aussagt?« Sie lacht, während ich mir peinlich berührt eine Haarsträhne hinters Ohr schiebe. Ich sollte wirklich nicht mit einer Psychologin befreundet sein. Es ist unangenehm, jederzeit so durchschaut zu werden. Bei der → **Selbstverarsche** brauche ich kein Publikum, da bin ich mir selbst genug.

»Stell dir mal ein Pantoffeltierchen vor.«

Das kann ich. Schon während meiner Schulzeit haben Pantoffeltierchen für mich etwas sehr Gemütliches ausgestrahlt.

»Es gehört zu den ersten Lebewesen, die sich auf der Erde entwickelt haben. Diese Erde war nicht so, wie wir sie heute kennen, sondern ziemlich unfreundlich. Vulkane, die ausbrachen, ständige Klimaveränderungen …«

»Meteoriteneinschläge, Dinosaurier, Eiszeiten«, sage ich, um auch etwas beizutragen.

»Genau. Und jetzt mal dir mal aus, du bist ein Einzeller in einer solchen Umgebung. Was suchst du?«

»Äh … ein Wurmloch in eine andere Zeitrechnung?«

»Ein stabiles Umfeld, damit du überleben kannst. Ergo: Sicherheit. Was lebt, will weiterleben. Der Überlebenswille ist eines der stärksten Bedürfnisse der Welt. Ist dein Bedürfnis nach Stabilität nicht erfüllt, fühlst du Angst und Stress.«

Ich nicke und tue so, als würde ich ahnen, wie sie von dem Pantoffeltierchen auf meine eigene fehlende Motivation kommen will.

»Sobald das Pantoffeltierchen die Sicherheit eines stabilen Lebensumfelds gefunden hat, indem es sich beispielsweise nicht in einem Lavastrom niederlässt, streckt es die Fühler aus und beginnt, seine Umwelt zu erforschen. Durch Reize macht es neue Erfahrungen, und damit entwickelt sich auch das Bedürfnis nach Stimulanz.«

Ich komme immer noch nicht darauf klar, dass ich in diesem Bild offenbar das Pantoffeltierchen bin. Eine Zelle, null Hirn.

»Wenn der Mensch das Bedürfnis nach Stimulanz nicht hätte«, setzt Tina an, und in Gedanken vervollständige ich: wären alle wie ich, »wäre aus ihm nicht viel geworden. Wir wären niemals zur See gefahren, hätten die Ozeane nicht erforscht, keine Sprache entwickelt, keine Heilung für Krankheiten gesucht. Wird unser Bedürfnis nach Stimulanz nicht befriedigt, verspüren wir außerdem Langeweile.«

»Also«, sage ich und hole tief Luft, »das gilt ja sicher nicht für jeden.« Ich richte mich etwas auf und halte den Kopf gerade. Hier sitze ich und kann nicht anders, ich, die Fürsprecherin der im Sternzeichen des Faultiers Geborenen, Schirmherrin der zur Untätigkeit Verdammten, Schutzpatronin des Müßiggangs.

»Darauf komme ich gleich«, sagt Tina, und ich befürchte, dass sie jeden Moment wieder mit dem Laufen fortfährt.

Dabei haben wir es hier gerade so schön. Die Sonne scheint, der Himmel ist blau, die Vögel zwitschern. Für Januar ist es erstaunlich mild, ich würde mich nicht wundern, wenn gleich ein Osterhase vorbeihoppelt.

»Tatsächlich sind nicht alle Bedürfnisse bei allen Lebewesen gleich stark ausgeprägt. Auch nicht das dritte Bedürfnis, das der Dominanz.«

Ich denke an Boris. Dann an mich und meine Harmoniesucht. Die habe ich ja zum Glück in den Griff bekommen, dennoch werde ich niemals der Typ Aufsitzrasenmäher sein, sondern eher vom Schlag derer, die mit Grashalmen *sprechen,* um sie vom Wachstum zurückzuhalten.

»Unter diesem Bedürfnis versteht man den inneren Antrieb

eines jeden Lebewesens, seine Umgebung zu kontrollieren oder Einfluss auszuüben.«

»Das habe ich nicht«, sage ich entschieden.

»O doch. Du besonders.« Tina grinst verschlagen. »Denn du willst ja beispielsweise, dass dein Umfeld sich so verhält, wie du es erwartest, und deine Gefühle und Meinungen respektiert. Damit drückst du auch Dominanz aus.«

Ich sage es ja: Augen auf bei der Wahl der Freunde.

»Na gut. Und wie geht es weiter?« Ich werde langsam ungeduldig, und noch mehr unangenehme Dinge über mich muss ich nun nicht gerade erfahren.

»Wie gesagt, die Bedürfnisse sind in jedem vorhanden, aber nicht in allen Lebewesen gleich ausgeprägt. Sehr motivierte Menschen haben ein höheres Bedürfnis nach Stimulanz als andere. Und andere haben ein höheres Bedürfnis nach Sicherheit oder Dominanz, fühlen aber seltener den Wunsch, etwas Neues zu erleben, andere Reize zu erfahren oder sich weiterzuentwickeln. Und damit«, Tina macht die Jacke zu und fängt an, auf der Stelle zu hüpfen, aber ich tue so, als würde ich es nicht bemerken, »kommen wir zu deiner Ausgangsfrage zurück. Motivation ist in uns allen vorhanden, aber von Mensch zu Mensch unterschiedlich ausgeprägt. Und ja, die Prädisposition ist auch vererbbar.«

Gott. Sei. Dank. Ich mag alles, was man vererbt. Damit ist man immer schön aus dem Schneider. Reiterhosen. Schnarchen. Das fehlende Talent, mit Geld umzugehen. Kann ich nix für, wurde im Aminosäurenbauplan so angelegt – sorry. Ich muss breit grinsen und strecke das Gesicht in die Sonne.

»Also bin ich unschuldig, wenn ich keine Motivation verspüre.«

Zu meinem größten Entsetzen rennt Tina los. Hastig stehe ich von der Bank auf und springe aufs Fahrrad, um ihre Antwort zu hören.

»Natürlich verspürst auch du Motivation. Aber irgendwas steht dir im Weg. Vermutlich ist es tief in deinem Unterbewusstsein vergraben. Du findest bestimmt noch raus, was es ist!«

Eine halbe Stunde später hat Tina endlich genug trainiert, und ich radle im Schneckentempo zurück nach Hause. Bei der letzten Runde um die Alster hat sie mir noch den Unterschied zwischen intrinsischer und extrinsischer Motivation erklärt. Bei extrinsischer Motivation verfolgen wir äußere Anreize wie Lob oder Belohnung, aber auch die Vermeidung von Bestrafung. Intrinsische Motivation entsteht ohne Einfluss von außenstehenden Faktoren, sozusagen von innen heraus. Neugierde oder die Bereitschaft, eine Herausforderung anzunehmen, sind solche intrinsischen Motivationen.

»Wer hat denn bitte *so was?*«, habe ich Tina gefragt, als wäre intrinsische Motivation etwas Unanständiges oder Ansteckendes.

»Ich«, hat sie knapp geantwortet. »Der Halbmarathon. Ich bekomme kein Geld und ernte bisher nur Gleichgültigkeit oder Verständnislosigkeit dafür. Dennoch laufe ich dreimal die Woche, weil ich diesen Moment so liebe, in dem das Laufen wie von allein geht. Man nennt es das Runner's High. Ich ziehe die Motivation also aus der Tätigkeit selbst. Das Laufen macht mich glücklich.«

Während ich mein Fahrrad abschließe, frage ich mich, ob der Hund bei mir da begraben liegt. Ich bin meistens extrinsisch motiviert. Arbeiten gehe ich, weil ich Geld verdienen muss. Betreibe Altersvorsorge, weil ich in meiner Rente keine Flaschen sammeln gehen will. Und ich schwöre, ich putze wirklich nur, weil ich Angst habe, dass Boris' Mutter eines Tages unangekündigt vor der Tür steht.

Was tue ich aus intrinsischen Motiven? Aus mir selbst, meinem innersten Wesenskern, drängt keine unsichtbare Macht nach draußen, die mich dazu verleitet, ein Bild zu malen, in der Suppenküche auszuhelfen oder meine Karriere voranzutreiben. Ich bin einfach sehr gern da, wo ich gerade bin. Im Rahmen meiner Möglichkeiten, ohne Schmerz und Enttäuschung, ohne ständiges Wachstum und Ausweiten meiner Kampfzone.

Was ich aber verstehe: Wenn die Motivation nicht stimmt, wird es ganz arg schwer, sich zu irgendwas aufzuraffen. Aus diesem Grund habe ich so lange ein Motivationsproblem, bis ich ein Zeitproblem bekomme. *Dann* fange ich an. Aber wirklich erst dann.

»Aber ist es im Grunde nicht egal, ob die Motivation intrinsisch oder extrinsisch ist?«, habe ich Tina vorhin noch gefragt. »Hauptsache, man setzt sich überhaupt in Bewegung und liegt nicht den ganzen Tag auf der faulen Haut herum, oder?«

Sie hat den Kopf hin- und hergewiegt. »Wirklich belegt ist es nicht, man geht jedoch davon aus, dass die intrinsische Motivation bei regelmäßigen Tätigkeiten stärker ist und länger anhält als die extrinsische, die eher für kurzfristige Ziele geeignet ist.«

Toll. Also ausgerechnet von dem, was ich am wenigsten habe, brauche ich am meisten, um den Karren aus dem Dreck zu ziehen.

»Intrinsische Motivation läuft außerdem immer Gefahr, von der extrinsischen korrumpiert zu werden.«

»Bitte was?«

Sie hat tief Luft geholt. »Empirischen Befunden zufolge kann eine intrinsische Motivation durch äußere Faktoren negativ beeinflusst werden.[10] Stell dir vor, du schreibst für dein Leben gern. Hier ein kleines Gedicht, dort eine Rede zum 60. Geburtstag deines Onkels … Wenn jemand ein paar geschriebene Worte braucht, wendet er sich vertrauensvoll an dich. Du erfüllst die Aufgabe mit großer Freude, immerhin liebst du schreiben, und ist es nicht ein tolles Kompliment, dass immer mehr Leute auf dich zukommen und etwas von dir geschrieben haben wollen? Das alles ist aber nur schön, solange die Motivation zu schreiben aus dir heraus kommt. Denn spätestens, wenn dein Umfeld erwartet, dass du bei jeder Gelegenheit zum Stift greifst, legt sich ein Schatten auf deine Begeisterung. Vielleicht fällt dir irgendwann auf, dass du ständig für andere arbeitest, ohne eine Entlohnung zu bekommen, finanzieller oder anderer Natur. Möglicherweise wird sogar Druck auf dich ausgeübt, die Zeit wird knapper, die Komplimente werden seltener, man hat sich daran gewöhnt, dass du das kannst. Nun ja. Und eines Tages merkst du dann, dass es dir überhaupt keinen Spaß mehr macht, auch nur ein Wort niederzuschreiben, weder für dich noch für andere. Denn die äußeren, extrinsischen Faktoren haben nicht nur deine intrinsische Motivation unterwandert, sie fühlen sich zudem auch noch falsch an und haben dir dein eigentlich liebstes Hobby madig gemacht.«

Okay, jetzt will ich doch keine intrinsischen Motivationen mehr haben.

»Der → **Korrumpierungseffekt** ist übrigens auch der Grund, warum manche Menschen den Spaß am Musizieren verlieren, wenn sie mit ihrer Musik auftreten sollen, warum sie aus Sportvereinen austreten, wenn sie bei Turnieren antreten müssen, oder weshalb Kreative, die ihr halbes Leben nur nebenberuflich ihrer Leidenschaft nachgegangen sind und nun mit ihrer Kunst Geld verdienen, die Freude daran verlieren. Vorher hat die Tätigkeit selbst motiviert – nun aber hängen die Miete, die Raten fürs Auto und der Füllstand des Kühlschranks dran.«

»Wow. Das ist mies. Ich hasse extrinsische Motivationen. Sie sind gemein und bösartig!«, habe ich geantwortet, und Tina hat gelacht.

»So schlimm sind sie auch nicht. Man muss halt nur aufpassen, dass sie die intrinsischen Motive nicht vergiften.«

»Oder man geht einfach wieder zurück zum Anfang. Sucht sich einen Brotjob und macht nebenbei seine Kunst, wie früher.«

Tina seufzte. »Geht leider nicht, denn auch das beschreibt der Korrumpierungseffekt sehr eindringlich. Ist die intrinsische Motivation erst mal durch eine extrinsische verdrängt, gibt es keine Chance, wieder zurück zum Start zu gehen.«

Ich schließe die Wohnungstür auf und schnuppere. Boris hat gekocht. Als ich die Küche betrete, dringt mir der Duft von italienischen Gewürzen in die Nase, und mein Freund wirbelt mit einer Schürze um den Hals vom Waschbecken zum Herd und wieder zurück.

»Was ist denn hier los?«, frage ich verdutzt.

Er dreht sich zu mir um, ein breites Grinsen im Gesicht. »Wir haben was zu feiern! Ich habe heute mit meinem Chef gesprochen – und ich werde befördert! Guter Vorsatz fürs Jahr«, er malt einen imaginären Haken in die Luft, »check!« Dann kommt er auf mich zu, umarmt mich und drückt mir einen Kuss auf den Mund.

»Herzlichen Glückwunsch!«, sage ich und meine es so. Gleichzeitig spüre ich, wie die Unruhe in mir wächst. Tina läuft zu Hochformen auf, Boris hat sein To-do bereits erledigt – und ich klebe Notizzettel.

»Dieser kleine Wettbewerb zwischen uns, der hat mich richtig angespornt!«, jubelt Boris und greift nach dem Kochlöffel, mit dem er schwungvoll die Nudeln umrührt. Er ist der Typ für extrinsische Motivation. Eindeutig. »Jetzt überlege ich, ob ich nicht noch ein paar andere gute Vorsätze habe. Es flutscht ja gerade so gut.« Er grinst mich an. »Vielleicht übernehme ich ein paar von deinen.«

Schade, dass die Forschung nie da ist, wenn man sie braucht. Ich hätte zu gern für die Nachwelt festgehalten, wie meine Freude für Boris binnen eines Wimpernschlags in Abneigung umschlägt.

Und? Wie sieht es bei dir aus? Sind deine Ziele extrinsisch oder intrinsisch motiviert? Willst du selbst fünf Kilo abnehmen? Oder will dein Partner, dass du es tust? Oder fühlst du dich durch die (falschen) Vorbilder in den Medien dazu aufgefordert? Kleiner Tipp: Im Zweifelsfall den nörgelnden Partner oder die Apps auf dem Handy loswerden, nicht die fünf Kilo.

Übung: Der Motivations-Check

Bestimmt hast du beim Lesen bereits angefangen, deine eigenen Vorsätze zu formulieren, wenn du sie nicht schon längst irgendwo festgehalten hast. Du kannst nun jeden Vorsatz daraufhin überprüfen, ob die Motivation dahinter aus deinem Inneren kommt oder von außen bestimmt wird.
Schnapp dir einen Notizzettel und schreib auf, welchen Antrieb du hast, dein Ziel weiterzuverfolgen. Überlege bei jedem Antrieb, woher er stammt: Ist er dir »vererbt« oder weitergegeben worden, vielleicht von deinen Eltern oder anderen Bezugspersonen? Gehört er für dich zum guten Ton – beispielsweise der Wunsch, finanziell unabhängig zu sein oder eines Tages zu heiraten? Oder hast du wirklich das Gefühl, etwas zu verfolgen, das dich von Herzen interessiert?

Warum das so wichtig ist, weißt du ja mittlerweile: Deine intrinsischen Motivationen gilt es vor dem Einfluss der extrinsischen Motivationen zu schützen! Außerdem wette ich, dass du dich bei allen Vorsätzen mit intrinsischen Motivationen schon längst auf den Weg gemacht hast, während diejenigen mit extrinsischen Faktoren noch auf die Bearbeitung warten. Du kannst dir ja selbst denken, warum das so ist …

3
ALLES SO SCHÖN GEMÜTLICH HIER

Warum es sich in der Komfortzone am bequemsten liegt

Dass das Universum nicht eben gut auf mich zu sprechen ist, habe ich ja schon angedeutet. Nun aber weiß ich, dass mich sogar die zweite allumfassende Macht, die die Geschicke der Menschen bestimmt und lenkt, auf dem Kieker hat: das Internet. Genauer gesagt Instagram. Denn ohne dass ich danach gefragt habe, bekomme ich völlig aus dem Nichts eine Mitteilung in meinen Feed gespült:

> *Jedes Mal, wenn du nur rumgammelst oder feiern gehst, gibt es jemanden da draußen, der gerade hart daran arbeitet, seine Ziele zu erreichen! Jemand, der zur selben Zeit besser wird und auf dem besten Weg ist, dich zu überholen. Vergiss das nie! Wenn du wirklich ein selbstbestimmtes Leben ganz nach deinen innersten Wünschen führen möchtest, führt kein Weg an harter Arbeit vorbei!*[11]

Ich weiß gar nicht genau, was ich fühle. Abscheu? Wut? Verbitterung? In erster Linie fühle ich mich wohl ertappt und auch ein wenig peinlich berührt. Stimmen diese ganzen Verschwörungstheorien, dass das Handy unsere Gespräche belauscht, also doch? Oder ist einfach immer noch Januar, und die Menschheit versucht gerade kollektiv, den Hintern hochzukriegen?

Der Text steht übrigens unter einem »einfachen« Rezept, wie man sein Leben im Nullkommanichts wieder auf die Kette kriegt und es in Sachen Selbstbestimmung zu wahrer Meisterschaft bringt. Jeden Tag sollen mir

9 Tausend Schritte
8 Stunden Schlaf
7 Gläser Wasser
6 Minuten Meditation
5 Portionen Obst/Gemüse
4 Pausen (körperlich/geistig)
3 gesunde Mahlzeiten
2 Stunden ohne Bildschirm
1 Einheit Training

zum Glück verhelfen.

Beim Schlaf und den Pausen bin ich vermutlich ein Überperformer. Die beiden Punkte kann ich guten Gewissens abhaken. Die sieben Gläser Wasser trinke ich auch, allerdings lasse ich fünf davor durch eine Kaffeemaschine laufen, weil mich das erwiesenermaßen wacher macht. Kaffee erreicht bei mir Stellen, da kommt meine Motivation gar nicht hin. Bei Obst und Gemüse komme ich im Schnitt auch noch mit, vor allem, wenn das Gemüse in Butter geschwenkt und das Obst vor dem Verzehr auf einen Kuchenboden gelegt wurde. Bei den restlichen Punkten habe ich eindeutig Nachholbedarf.

Aber wo soll ich anfangen? Gerade habe ich das Gefühl, vor einem riesigen Berg zu stehen, und obwohl ich den Kopf in den Nacken lege, kann ich das Gipfelkreuz nicht sehen. Warum wollte ich mich noch mal in Summe verbessern? Ach ja, um glücklicher zu werden. Oder zumindest optimierter. Lea 2.0, sozusagen, die am Ende, wenn sie vor den himmlischen Toren steht und Bericht erstatten muss, sagen kann: »Ich habe stets mein Bestes gegeben. Ich habe meinen Rosenkohl gegessen und Fröschen über die Straße geholfen. Ich habe mich täglich bewegt und meinen Geist gereinigt. Also schick mich gefälligst zurück auf die Erde und schenk mir hundert Bonusjahre!« So in etwa.

Planung ist die halbe Miete, heißt es, aber die Post-it-Zettel sind mittlerweile von Kühlschrank, Hund und Wasserhahn abgefallen. So geht das also nicht, ich muss größer denken. Deswegen besorge ich mir ein überdimensioniertes Blatt Papier für meine riesigen Vorhaben und rolle es auf dem Esstisch aus.

Mit verschiedenfarbigen Filzstiften fange ich in Schönschrift an, meine Zielsetzungen auf das Papier zu malen:

- abnehmen
- mehr bewegen
- gesünder essen
- …

Dann kommt Boris rein. Er stellt sich neben mich an den Esstisch, liest die Wörter und schüttelt den Kopf.

»Ne, Lea. So wird das nix.«

»Also ehrlich!«, ereifere ich mich. »Die Klebezettel waren nicht gut genug, und jetzt kritisierst du mich schon wieder?«

Er seufzt. »Schon mal von smarter Zielsetzung gehört?«

»Deswegen die bunten Stifte«, erwidere ich schnippisch.

Er seufzt noch lauter und länger, greift nach dem Blatt und dreht es auf die Rückseite. »Spezifisch, messbar, attraktiv, realistisch und terminiert. So solltest du deine Vorhaben formulieren.«

Aus weiter Ferne kommt die Erinnerung an die → **SMART-Formel** zurück. Stimmt, wer so ein Wischiwaschi aufschreibt wie ich gerade, kommt meistens nirgendwohin. Viel schlimmer ist aber: Ich hasse es, wenn Boris recht hat. Vor allem jetzt, wo er sich uns allen überlegen fühlt, weil er sein beknacktes Vorhaben bereits umgesetzt hat, während ich noch Runden in der Ursuppe drehe.

»Statt aufzuschreiben, dass du dich mehr bewegen willst, solltest du deinen Plan so konkret wie möglich formulieren. Also, wann willst du Sport machen?«

Gar nicht?

»Montags und mittwochs«, antworte ich, um irgendetwas zu sagen.

»Schreib das auf.« Er hält mir einen Stift hin. »Ist das ein messbares Ziel?«

Ich nicke.

»Ist es attraktiv?«

Ich schüttle den Kopf.

»Realistisch?«

Ich schüttle noch heftiger, und Boris fängt an zu lachen.

»Okay. Also fangen wir mit etwas an, was im Bereich des Möglichen liegt. *Einmal* die Woche Sport«, schlägt er vor.

Sofort fühle ich mich unter Druck gesetzt. Was, wenn ich mal nicht kann? Krank werde? Keine Zeit habe? Oder – unwahrscheinlich, aber denkbar – keine Lust? Muss ich die verlorene Stunde dann nachholen? Ich sehe mich schon am Ende eines Quartals vier Tage am Stück auf einem Laufband rennen, weil ich elf Wochen lang geschlampt habe. Und geht das mit den Kalorien genauso? Also kann ich 27 Tage essen, was ich will, und dann drei Tage powerfasten? Ich glaube, dann könnte ich mich dazu motivieren.

Boris scheint meine Bedenken zu bemerken und legt mir die Hand auf den Arm. »Lea, Liebling. Mach dir erst mal klar, dass du im Leben nichts musst außer sterben. Und Steuern zahlen.«

Ich schüttle seine Hand ab. »Wow. Danke für den Kalenderspruch.«

Er lacht wieder. »Warum willst du denn überhaupt Sport treiben? Du magst Sport nicht.«

»Das ist doch kein Grund!«, ereifere ich mich.

Boris zuckt mit den Schultern. »Finde ich schon. Ich schau mir ja auch keine romantischen Liebesfilme an, weil ich sie nicht mag. Nicht mal für dich.«

»Das ist jetzt aber ein ganz anderes Thema«, erwidere ich und räuspere mich.

»Was ich damit sagen will: Wenn du Sport so wenig magst, solltest du deine Zeit nicht damit verschwenden.«

»Und was ist damit?« Ich drehe mich um und präsentiere ihm meinen Hintern. Anschließend deute ich auf meinen Bauch. »Und damit? Das ist doch kein Zustand.«

»Das ist externer Speicherplatz für dein gutes Bauchgefühl«, sagt Boris und zwinkert.

»Mann, nimm mich doch mal ernst!«

Er rollt mit den Augen. »Ich möchte damit sagen: Wenn du Sport nicht leiden kannst und schon beim Gedanken daran nach Ausreden suchst, such dir doch eine andere Art, wie du mehr Bewegung in deinen Alltag integrierst.«

»Komm mir jetzt bloß nicht mit Treppensteigen!«

Er lässt sich auf einen Stuhl sinken. »Gehen wir die Sache doch mal logisch an.« Boris denkt nach. Dann scheint ihm etwas einzufallen. »Du magst den Hund, richtig?«

Ich nicke. Ich mag den Hund sehr. Er ist weich und flauschig und isst genauso gern Döner wie ich. Sein zweitliebstes Hobby ist schlafen. Man könnte es ein »match made in heaven« nennen.

»Und der Hund muss jeden Tag mehrmals raus. Wie wäre es, wenn du ab morgen jeden Tag die lange Gassirunde übernimmst? Eine Stunde an der frischen Luft, ihr kommt beide auf eure Kosten, und du wirst nicht mal merken, dass du dich sportlich betätigt hast.«

Mein Blick fällt auf den Hund, der seitlich auf dem Sofa liegt. Seine Zunge hängt aus dem Mund, die Augen sind geschlossen, und er schnarcht niedlich.

»Du gehst doch immer mit dem Hund. Also die langen Runden. Ich mach nur die Kurzstrecke. Und auch nur dann, wenn ich im Homeoffice arbeite.«

Boris nickt bedächtig. »Das stimmt. Ich möchte dir aber helfen, deine Ziele zu erreichen.«

Eine leise Stimme in meinem Inneren fragt mich, ob Boris' Vorschlag wirklich so selbstlos ist, wie seine Miene mich glauben machen will. Aber im Grunde hat er recht. Bevor ich mich zweimal die Woche zwinge, etwas zu tun, was ich hasse, kann ich mich vielleicht mit weniger zufriedengeben und jeden Tag etwas tun, das möglicherweise nicht so effektiv ist, aber von mir auch nicht allzu sehr gehasst wird. Je länger ich darüber nachdenke, desto besser klingt der Deal.

»Also gut«, beschließe ich. »Ich gehe ab heute die lange Runde mit dem Hund.«

Boris lächelt zufrieden. Die innere Stimme hüstelt. Aber wenn wir alle von der neuen Vereinbarung profitieren, soll sie besser mal die Klappe halten.

»Schön. Dann hast du hiermit dein erstes offizielles Vorhaben, das zudem auch noch den Regeln der smarten Zielsetzung entspricht. Ich gratuliere. Kann ich dir sonst noch irgendwie helfen?«

Nun fängt die innere Stimme zu zetern an. »Nein«, sage ich, »ich denke, das ist für den Anfang genug.«

Boris erhebt sich und verlässt beschwingt das Wohnzimmer.

Geht es nur mir so, oder hat noch jemand das Gefühl, dass ich gerade einen Punkt von *seiner* Liste übernommen habe?

Tina und ich sind bei Ikea, weil sie ein neues Bett und zugehörige Matratzen braucht und ihr Freund Arne sich lieber vierteilen und häuten lassen würde, als sich freiwillig mit seiner Partnerin in ein Möbelhaus zu begeben (muss irgendein Trauma sein, das Tina mit ihm noch nicht aufgearbeitet hat). Da lasse ich mich natürlich nicht zweimal bitten, mit Liegen kenne ich mich schließlich aus. Wir haben uns gemütliche Klamotten angezogen und testen uns durch die Bettenabteilung. Als wir nebeneinander in ein wirklich sehr bequemes Boxspringbett mit Matratzen so dick wie vier Bände der Encyclopedia Britannica – plus Topper obendrauf – sinken, verstehe ich erstmals, was es heißt, sich auf Wolken zu betten.

»Ich will für immer hier liegen bleiben!«, jauchze ich vor Freude und breite die Arme aus. »Das ist ja herrlich.«

»Das wäre aber schade, wenn du nicht mehr aus dem Bett herauskämst«, murmelt Tina mit geschlossenen Augen. »Deine → **Komfortzone** würde dann wahnsinnig klein werden. Genau genommen vier Quadratmeter groß.«

»Und was ist daran problematisch?«, frage ich und versuche, mich auf die Seite zu rollen. Keine Chance, die Matratze zieht mich wieder zurück. Na gut. Dann bleib ich eben für immer auf dem Rücken liegen.

»In der Komfortzone findet kein Wachstum statt.«

»Boah, ne, fang du jetzt nicht auch noch damit an!« Ich möchte mich entrüstet aufrichten, aber auf diesem Bett ist das physikalisch nicht möglich. Vielleicht wäre es eine Anschaffung wert für Boris und mich?

»Wir müssen nicht über dein Problem reden«, sagt Tina sehr verständnisvoll.

Unter Aufbringung all meiner Kraft hebe ich den Kopf vom Kissen. »Was für ein Problem?«

»Na, dass du dich einerseits verändern willst, aber dich andererseits mit Händen und Füßen dagegen wehrst. Ist okay. Jeder in seinem Tempo.«

Ich lasse einige Sekunden verstreichen, ehe ich mir einen Ruck gebe, mich auf die Seite rolle und den Kopf in die Hand stütze. »Du gibst ja eh keine Ruhe. Spuck es aus.«

Tina grinst. »Disziplin ist reine Kopfsache.«

»Ich verachte dich.«

Sie lacht. »Tust du nicht.«

»Nein, tu ich nicht.«

»Trotzdem liegen die Gründe, ob man faul oder fleißig ist, diszipliniert oder laisser-faire, im Oberstübchen. Sorry.«

Ich seufze. »Worüber würden wir wohl reden, wenn du Gynäkologin geworden wärst? Oder Ingenieurin?«

»Wir werden es nie erfahren.«

»Aber hast du nicht neulich gesagt, dass jeder Mensch unterschiedlich motiviert ist?«, wende ich ein.

Sie nickt. »Stimmt. Motivation und Disziplin sind allerdings zwei unterschiedliche Dinge. Man kann fürchterlich motiviert sein, aber trotzdem nichts auf die Reihe kriegen, weil man die Selbstbeherrschung nicht aufbringt. Und man kann auch ohne Motivation Großes leisten, einfach weil man sich dazu durchringt.«

»Boah, ich weiß wirklich nicht, warum wir befreundet sind.«

Tina geht auf meine Beleidigung gar nicht ein. Stattdessen erklärt sie: »Der gesamte menschliche Organismus verfolgt nur einen Plan, nämlich sein Überleben zu sichern. Die Chancen steigen, wenn der Organismus bei jeder sich bietenden Gelegenheit Energie einspart. Das hat mit unseren Urahnen zu tun.«

Ich rolle mit den Augen, was Tina aber nicht sehen kann. »Die Säbelzahntigergeschichte.«

»Genau. Unsere Vorfahren hatten keine Supermärkte, keine Kühlschränke und keine Lieferdienste. Gegessen wurde, was auf den Tisch kam, und zwar genau *dann,* wenn es auf den Tisch kam. Es lief nicht alle vier Stunden zufällig ein Mammut vorbei, das man jagen konnte. Was bedeutet, dass man sich den Bauch vollschlug, solange es was zu futtern gab, und wenn der Teller leer war, wurde Energie gespart.«

»Eigentlich keine schlechte Sache«, gebe ich zu bedenken. »Vermutlich gesünder als alle zwei Stunden ein Kinderriegel.«

»Exakt. Das ist übrigens ein Grund, warum das Intervallfasten bei den meisten Menschen zum nachhaltigen Abnehmen führt, es ist besser als Kalorien zu zählen oder Lebensmittel wegzulassen. Unser Körper ist zum Fasten gemacht, er kennt es im Grunde nicht anders.«

Ich weiß nicht, warum, aber irgendwie liege ich plötzlich nicht mehr ganz so bequem. Vielleicht ist es das Thema, oder allzu weiche Zuckerwattematratzen sind doch nicht mein Ding.

»Auf jeden Fall musste der menschliche Organismus tage-, manchmal sogar wochenlang auf Nahrung und damit Energiezufuhr verzichten, mal abgesehen von ein paar Beeren und Knochen. Deswegen hatten all die Organismen einen Überlebensvorteil, die in der Lage waren, Energie einzusparen.«

»Und was hat das mit der Komfortzone zu tun?« Ich rolle mich wieder auf den Rücken und starre in das Licht der Deckenleuchten. Wäre nett, wenn einer der Mitarbeitenden den Dimmer betätigen könnte. Bei dieser Festtagsbeleuchtung kriegt man ja kein Auge zu.

»Das Gehirn verbraucht sage und schreibe 500 Kilokalorien am Tag. Das entspricht etwa 20 Prozent des Gesamtumsatzes.«

Beinahe falle ich aus dem Bett. »20 Prozent?! Man kann sich schlank denken? Das ist ja … das ist ja …« Warum ist denn bitte da noch niemand drauf gekommen? Im Denksport bin ich Spitzenklasse, vor allem im Herum- und Zerdenken. Da würde ich ohne Training jede Meisterschaft gewinnen. Und dabei auch noch abnehmen? Klingt nach einem tollen Deal. Vielleicht liegt ja nächstes Jahr ein Diätbuch von mir auf den Bücherstapeln in der Buchhandlung: *Denk dich dünn von Lea Blumenthal.* Genial.

Tina wedelt meine Idee mit brachialer Gleichgültigkeit beiseite. »Nein, so geht das leider nicht. Man muss schon auch die Muskeln benutzen. Und das Gehirn ist kein Muskel, sondern ein Organ.«

Schade. Da geht sie hin, die Bikinifigur, made by brain cells.

»So, aber jetzt pass auf.« Tina setzt sich hin und sagt konzentriert: »Weil der Organismus ja bei den Prozessen Kalorien einsparen will, um für schlechte Zeiten etwas in Reserve zu haben, finden möglichst viele Denkprozesse im Unbewussten statt und werden zudem standardisiert.«

»Also, bei mir sollte der Organismus lieber nicht am Hirn sparen, sondern sich was vom Popo nehmen! Da hab ich Reserven ohne Ende, ich würde vermutlich wochenlang allein von meiner linken Arschbacke leben können. Und nicht nur davon.« Demonstrativ hebe ich den Arm und wackle so lange damit herum, bis die Unterseite zu schwabbeln beginnt. Was leider nicht lange dauert.

Tina lacht so laut, dass ein Mitarbeiter des schwedischen Möbelhauses in unsere Richtung guckt. Der ist ja eigentlich nur streitende Pärchen gewöhnt, weshalb ihn unser Anblick sichtlich irritiert.

»Das ist deinem Hirn egal. Es versucht trotzdem, Prozesse zu optimieren. Also Denkvorgänge, die häufiger vorkommen, zu vereinheitlichen.« Tina schwingt die Beine aus dem Bett und steht auf. Warum ist sie eigentlich immer so ungemütlich? »Und das bedeutet, dass es Gewohnheiten bildet. Das geht so.« Sie streckt die Arme aus und hält mir die beiden Hände vors Gesicht, die linke hebt sie etwas an. »Eine Handlung oder ein Gedanke löst einen Impuls aus, der auf einer neuronalen Bahn zu einem bestimmten Punkt im Gehirn wandert. Je häufiger du diese Handlung ausführst oder den Gedanken denkst, desto stabiler und breiter wird die neuronale Bahn, bis sie irgendwann kein schmaler Weg, sondern eine richtige Autobahn ist, die das Gehirn im Prinzip von allein findet. Wie das Klo, wenn man nachts mal rausmuss.«

Von unten schaue ich, immer noch im Liegen, Tina dabei zu, wie ihre linke Hand zur rechten wandert und dabei eine unsichtbare Linie beschreibt. Bei Tina wabbelt gar nichts. Ich weiß nicht, ob ich das mag.

»Genau so bilden sich Gewohnheiten. Wir tun etwas so oft, dass das Gehirn den Prozess irgendwann selbstständig ausführen kann, ohne dass wir uns dafür anstrengen oder kognitiv bemühen müssen.«

»Das klingt doch ziemlich praktisch«, gebe ich zu bedenken.

»Ja und nein. Natürlich ist es gut, dass wir Routinen haben, in denen sich der Autopilot aktiviert und einfach nach neuronalem Fahrplan fahren kann. Wäre ja sehr umständlich, wenn wir jeden Morgen überlegen müssten, ob wir uns erst die Socken anziehen oder erst duschen gehen sollen.«

»Für die Kalorienbilanz ist es aber scheiße«, sage ich nachdenklich.

»Stimmt. Und auch dann, wenn man Neues zulassen will.« Tina nickt mit dem Kopf. »Komm, ich will da hinten noch was schauen.«

»Kaufst du das Bett für euch?« Ich stemme mich widerwillig von der Matratze.

Sie schüttelt den Kopf. »Auf keinen Fall. Viel zu bequem.«

Verwundert schaue ich ihr hinterher, während sie fröhlich durch die herumstehenden Betten schlendert. Ich frage den Ikea-Mitarbeiter gleich mal, ob sie noch Pritschen im Sortiment haben. Das passt doch sowieso viel besser zu Tinas Disziplin.

Als sie sich auf ein Sofa in einer der Beispielwohnungen setzt und probeweise mit dem Hintern darauf herumhüpft, lasse ich mich auf einen Schreibtischstuhl in der Nähe sinken und fange an, mich im Kreis zu drehen. »Also, was ist schlecht an Routinen? Ich dachte, Energie einsparen ist gut für den Organismus?«

»Schon. Gleichzeitig werden aber diese Routinen, also die neuronalen Prozesse, ins Unbewusste verschoben, und von dort kriegt man sie nur schwer wieder raus. Was ungünstig ist, wenn man eine Gewohnheit ablegen will.«

Tina steht schon wieder auf. Herrje, was hat die Frau Hummeln im Hintern. Womöglich ist sie auch einfach nicht genügend ausgelastet. Intellektuell.

»Denn eine neue Gewohnheit muss nicht nur neu etabliert werden, sie muss auch stärker sein als die alte Gewohnheit. Es dauert, bis man nicht mehr in alte Verhaltensmuster verfällt.«

»Wie lange denn?«, frage ich betont desinteressiert und blättere in einem der schwedischen Bücher, das in hundertfacher Ausführung im Regal steht.

»Da ist sich die Forschung uneinig. Im Schnitt 66 Tage.«

Das Buch klappt zu. »Nein.«

66 Tage lang um 4 Uhr 30 aufstehen? 66 Tage lang grüne Smoothies trinken und Yoga machen? 66 Tage lang eine Stunde mit dem Hund spazieren gehen, bis ich mich nicht mehr überwinden muss? Bis ich nicht mehr darüber nachdenke, ob ich es will oder nicht? Bis ich keine inneren Widerstände mehr verspüre, sondern es einfach tue, weil es Gewohnheit geworden ist? In meinem Kopf dudelt ein Lied von Udo Jürgens mit neuem Text: *»Nach 66 Tagen, da fängt das Leben an …«*

»Manche sagen, dass es schneller geht.«

»Denen glaube ich.«

»In den 1960er-Jahren ging man von 21 Tagen aus, bevor sich eine Gewohnheit etabliert. Ein Arzt aus Amerika hatte beobachtet, dass seine Patienten im Schnitt drei Wochen brauchten, um sich an operative Veränderungen an ihrem Körper zu gewöhnen.«[12]

Wo finde ich im Einrichtungshaus die Zeitkapseln?

»Dafür gibt es aber keine wissenschaftliche Grundlage. Deshalb werden mindestens 30 Tage empfohlen.«

»30 sind ja immer noch besser als 66!«

Tina lächelt. »Es ist nicht ohne, einen neuen Lebensstil zu etablieren, vor allem wenn es um komplexe Themen geht wie eine Ernährungsumstellung oder das Entwöhnen eines Suchtmittels. Eine Studie aus England belegt, dass es mindestens 90 Tage braucht.«

Das Buch fällt auf den Boden, und meine Kinnlade wandert hinterher. »Drei Monate der Qual, der Selbstgeißelung, der Pein und des Elends?«

Tina zuckt mit den Schultern. »Tja. Das Hirn ist ziemlich hartnäckig, wenn ich das mal so sagen darf. Eine andere Studie[13] hat jedoch gezeigt, dass es nur 66 Tage dauert, bis sich Alltagsroutinen eingeschliffen haben.«

Mit einem Mal klingen die 66 Tage gar nicht mehr so übel. Sind ja nur gut zwei Monate. Und wenn man die Wochenenden nicht mitrechnet sowie die Schlafenszeit abzieht, geht's eigentlich. Ich hebe das Buch auf und schiebe es wieder ins Regal.

»Hey, so schlimm ist das eigentlich gar nicht«, spricht Tina weiter, während sie sich wieder in Bewegung setzt. Ich dackle ihr desillusioniert hinterher. »Es braucht nur ein bisschen Willenskraft und Selbstdisziplin, und dann läuft es von ganz allein. Du willst ja immerhin kein richtiger Profi werden. Dann bräuchtest du 10 000 Stunden. Zumindest dachte man das früher. Mittlerweile ist die → **10 000-Stunden-Regel** widerlegt.«

Ich weiß nicht, ob mich das aufmuntert.

»Ich finde es auf jeden Fall toll, was das Hirn alles kann. Es ist wie Knete. Kann sich einfach neu formen. Ich finde diese Neuroplastizität total irre.«

Tina wird immer enthusiastischer, während sie noch schneller durch die Gänge des Einrichtungshauses läuft.

»Und jetzt kommen wir endlich zur Komfortzone«, ruft sie

mir über die Schulter. »In der Theorie bist du frei und kannst alles tun, was du willst. In der Praxis schränkst du dich aber andauernd selbst ein. Du hast, wenn man so will, einen inneren Aufpasser, der die Grenzen deiner Komfortzone bewacht. Die Komfortzone existiert natürlich nicht wirklich, sie ist vielmehr ein geistiges Konstrukt. In ihr wird alles gespeichert, was dir vertraut und bekannt ist: Routinen, Rituale, Glaubenssätze. Und deine Gewohnheiten. Immer, wenn du die Komfortzone verlässt, muss das Hirn sich anstrengen, und das passt dem Aufpasser gar nicht. Draußen wartet das Unbekannte! Überall lauert Gefahr! Und damit ist alles gemeint, was Kalorien verbraucht und dich tendenziell umbringen könnte.«

Wenn ich ehrlich bin, kann ich diesen Grenzbeamten, der an den Außenrändern meiner Komfortzone patrouilliert, sehr gut verstehen. Viel zu gut. Ich stelle ihn mir wie einen bulgarischen Mann mit dickem Bauch und riesigem Schnauzbart vor, der die Augen zusammenkneift und misstrauisch in jeden Wagen reinlinst, der am Schlagbaum anhält.

»Grenzübertritte werden mit einem unbehaglichen Gefühl bestraft.«

Ja! Ja! O Mann, Komfortzone, I feel you.

»Wohingegen es in der Komfortzone behaglich und angenehm ist.«

Ich bleibe stehen. »Ja, wieso bleibe ich dann nicht einfach da drinnen? Warum in die Ferne schweifen?«

Tina dreht sich zu mir um und macht einige Schritte auf mich zu. »Also, ich weiß ja nicht, wie es dir geht, aber ich finde es durchaus schön, wenn ich selbst entscheiden kann, wie ich mein Leben gestalten will, und es nicht einem imaginären Aufpasser überlassen muss.« Sie tippt sich demonstrativ an die Stirn. »Außerdem bedeutet Komfortzone auch Autopilot. Man macht alles so, wie man es immer gemacht hat. Immer derselbe Käse. Immer dieselben Gespräche. Immer dieselben Gedanken. Und spätestens da wird es problematisch. Das macht nämlich brutal unflexibel und sorgt außerdem dafür, dass sich Ängste ausbilden vor dem, was jenseits der Grenze liegt. Das absolut Krasseste ist aber, dass man mittlerweile weiß, dass die Komfortzone im Laufe des Lebens nicht etwa wächst, sondern immer kleiner wird. Man muss sie ausdehnen, wenn man irgendwann nicht nur noch ein paar Zentimeter Handlungsspielraum haben will.«

Stumm schaue ich Tina an. Das ist das absolut Unheimlichste, was mir jemals jemand gesagt hat, und ich empfinde spontan enormes Unwohlsein.

Meine Komfortzone *schrumpft?* Und macht, dass ich nur noch dieselben Sachen denke? Auch den Mist, den ich eigentlich loswerden will? Wie komme ich da wieder raus? Was muss ich tun? Werden grüne Smoothies dabei helfen, endlich wieder frei zu denken?

Tina blickt nach links und erblickt den Stand mit den kleinen Bleistiften, von denen ich immer welche mitgehen lasse, obwohl ich eigentlich keine Verwendung dafür habe. Eine schlechte Angewohnheit, die ich an Ort und Stelle aus meinem Leben verbanne, weshalb ich in meine Tasche greife und fünf Stifte herausfische, die ich bereits eingesackt habe. Ich lasse sie unauffällig auf einem Beistelltisch in der Nähe liegen.

»Schau mal.« Tina hat sich von irgendwoher ein Papier geangelt und es auf eine Kommode gelegt.

Sie beginnt zu zeichnen.

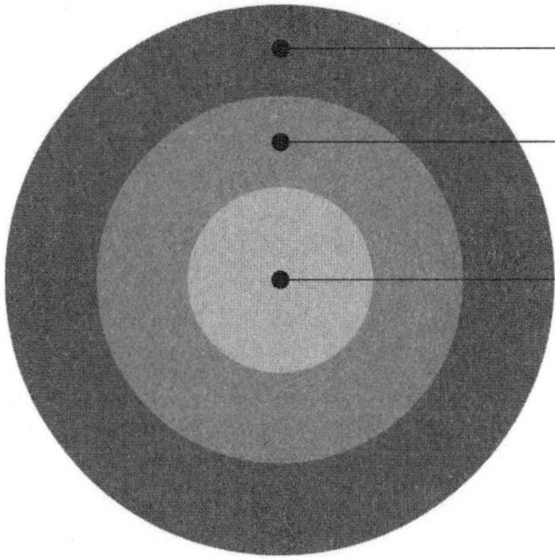

3-Zonen-Modell

»Was siehst du?«

»Eine Zielscheibe.«

Tina kritzelt etwas in die verschiedenen Bereiche der Zeichnung. »Das ist deine Komfort-, das deine Lern- und das deine Panikzone.« Dabei tippt sie auf jeden Ring der Zielscheibe, von innen nach außen. »In der Komfortzone ist es bequem, hier fühlst du dich wohl und kennst dich aus. Es ist aber eben auch sehr eng und nicht immer so komfortabel, wie du vielleicht denkst. Äußere Umstände können dich dazu zwingen, die Komfortzone zu verlassen, und das ist richtig anstrengend, wenn man nicht ab und zu übt.«

Ich starre auf die Zeichnung und frage mich: Wie konnte ich jemals in diesen kleinen Kreis hineinpassen? Vor allem mit dem Hintern.

»Die zweite Zone heißt Lernzone. Wenn du die Komfortzone verlässt, betrittst du gewissermaßen geistiges Neuland. In der Lernzone warten Herausforderungen, Risiken und Unsicherheiten, deswegen ist es nicht nur angenehm, sich in ihr aufzuhalten.«

Ich nicke zustimmend. Kenne ich.

»Aber«, Tina hebt den Stift, »genau hier findet auch das meiste Wachstum statt. Und jedes Mal, wenn dir etwas Neues gelingt, du eine Aufgabe meisterst, wenn du dich also etwas bewältigt hast, wird die Komfortzone größer.«

Oh. OH! Das ist gut. Das ist sehr gut. Man muss Neues ausprobieren, um aus der eigenen Bequemlichkeit im Leben, Handeln und Denken zu kommen.

»Was hat es mit der Panikzone auf sich?«

Tina tippt auf den äußersten Rand des Rings. »Nehmen wir einmal an, dieser Kreis würde sich nie ausdehnen, sondern immer dieselbe Größe behalten. Was passiert, wenn deine Komfort- und deine Lernzone wachsen?«

Langsam beginne ich zu begreifen. »Die Panikzone wird kleiner.«

»Exakt!« Tina freut sich. Offenbar bin ich noch nicht lange genug von meiner Komfortzone eingelullt worden, als dass selbstständiges Denken nicht mehr drin wäre. Ich verbuche das als ersten Erfolg. »Es gibt Leute, die bekommen einen Tobsuchtsanfall, wenn die Milch sauer wird. Oder Angstzustände, wenn der Bus nicht kommt. Weil diese Kleinigkeiten ihre routinierten Abläufe bedrohen. Je häufiger du deine Komfortzone verlässt und in die Lernzone gehst, also neue Erfahrungen machst, Dinge ausprobierst, dich Unangenehmem stellst und dich veränderst, desto besser bist du auf all die Situationen vorbereitet, die dir im Leben nun mal passieren.«

Tina legt den Stift wieder zurück in die Box, was mich irritiert, ich dachte nämlich, dass alle die Dinger klauen. Wieder was gelernt. Etwas peinlich berührt greife ich in die andere Hosentasche und befördere drei weitere Bleistifte heraus, die ich im Vorbeigehen auf ein Kissen fallen lasse.

Tina tippt mich an. »Du, ist das da vorn nicht Malte?«

Ich blicke hoch. Tatsächlich. Boris' Arbeitskollege schleicht mit hängenden Schultern durch die Lampenabteilung. Als

Tina seinen Namen ruft, schreckt er regelrecht zusammen und schaut sich suchend um.

»Ach, ihr seid das.« Er grinst schief. »Na?«

»Selber na«, kontert Tina.

Eine peinliche Pause entsteht.

»Und, was treibt dich her?«, fühle ich mich gedrängt zu fragen und möchte im gleichen Augenblick den Kopf gegen eine der Stellwände schlagen. Ich bin so blöd.

»Na ja, ich muss ja«, Malte räuspert sich, »ziemlich viele Möbel kaufen, weil Christiane die Hälfte mitgenommen hat.«

Eine noch peinlichere Pause entsteht. Ich sollte lernen, häufiger zuerst zu denken und dann zu reden.

»Schon was gefunden?«, will Tina wissen.

Malte zuckt mit den Achseln. »Ich weiß nicht. Das ist alles ziemlich … überwältigend. Eigentlich hat Christiane bei uns immer …« Er stockt, in seinen Augen sammelt sich das Wasser. »Egal. Also. Dann.« Malte dreht sich abrupt um und läuft davon.

Ich blicke ihm nach und denke: Du arme Wurst.

Tina seufzt. »Siehst du. Das meine ich. Malte befindet sich seit der Trennung eigentlich nur noch in der Panikzone.« Dann schaut sie mich an. »Besser, man übt regelmäßig, die Komfortzone zu verlassen. Glaub mir. Deswegen machen wir jetzt etwas, was du schon lange nicht mehr gemacht hast.«

Ikea verlassen, ohne einen einzigen Bleistift geklaut zu haben?

»Und ich weiß auch schon, was.«

Sie ergreift meinen Arm und zieht mich in die Richtung, aus der wir vor einer Stunde gekommen sind. Ich spekuliere auf einen Hotdog. Aber es wird viel, viel besser. Tina befördert mich nämlich die Treppe runter und bleibt direkt vor dem Småland stehen. Dann blickt sie mich erwartungsvoll an und ruft laut und glücklich: »Bällebad!«

Übung:
Raus aus der Komfortzone!

Na? Wie viele Kissenburgen hast du um dich schon herumgebaut, um bloß nicht mehr das Sofa verlassen zu müssen? Wie oft probierst du etwas Neues aus? Wagst einen Schritt ins Unbekannte? Tust etwas, vor dem du Unbehagen oder sogar Angst verspürst?

Die folgenden zehn Impulse sollen dich dazu motivieren, deine Komfortzone zu verlassen und eine Erfahrung in der Lern- und Wachstumszone zu machen. Ich verspreche: Es tut nicht weh. (Oder nur ein bisschen …) Dabei versteht es sich von selbst, dass es sich bei meinen Vorschlägen um Dinge handelt, die ich persönlich ziemlich unangenehm oder abenteuerlich finde, für dich stellen sie möglicherweise gar kein Problem dar. In diesem Fall möchte ich dich bitten, dir eine Alternative auszudenken.

1. Geh essen und bestell ein Gericht, von dem du nicht weißt, was es ist.
2. Schalte einen Tag lang das Handy aus und empfange keine E-Mails.
3. Sprich eine fremde Person an und frage sie nach einer Empfehlung, beispielsweise für ein gutes Restaurant in der Nähe (in Kombination zu Punkt 1) oder nach dem letzten guten Film, den die Person im Kino gesehen hat.
4. Verbringe einen ganzen Tag lang nur mit dir.
5. Lerne zehn Wörter in einer dir völlig fremden Sprache.
6. Stehe eine Stunde früher auf als sonst und nutze die Stunde für etwas, zu dem du sonst nie kommst.
7. Reise an einen Ort, an dem du noch nie warst.

8. Stelle dich einer Angst. Ja, das bedeutet im schlimmsten Fall, dass du jetzt doch vom Dreimeterbrett im Schwimmbad springst oder einen Hund streichelst.
9. Probiere eine Tätigkeit aus, die du in der Schule immer gehasst hast: Rechnen, Malen, Sporttreiben oder was auch immer dich gepeinigt hat.
10. Sprich dich mit einem Menschen aus, mit dem du nicht im Guten auseinandergegangen bist. Ja, ein Brief reicht völlig aus.

4
MORGEN FANG ICH AN – VERSPROCHEN!

Wenn Plan A nicht funktioniert, hat das Alphabet noch 25 andere Buchstaben

Sieben Tage. So lange brauchte der Schöpfer, um der Legende nach eine ganze Welt zu erschaffen, während ich mehr als zwei Monaten rumeiere und es bis auf ein paar Post-its auf noch nicht eben viel gebracht habe. Immerhin, einmal am Tag schaffe ich es, den Hund für eine Stunde vor die Tür zu treiben. Na gut, *mich* für eine Stunde am Tag vor die Tür zu treiben, ich will fair bleiben. Für den Hund ist es die schönste Zeit des Tages, für mich nicht. Es ist mittlerweile März geworden, es ist zehn Grad kälter als im Januar, überall liegt grauer Matsch, durch den sich tapfere Schneeglöckchen kämpfen, und es macht keinen Spaß.

Wenigstens halte ich durch. Zumindest die meiste Zeit. Vorgestern hat es nämlich so doll geregnet, dass der Hund glücklicherweise nur kurz Pipi im Garten machen wollte. Und am Tag davor tat mir plötzlich sehr schlimm das Bein weh. Davon einmal abgesehen lasse ich mich jeden Tag brav vom Hund durch den Kiez führen und sage mir selbst, dass die 66 Tage mit jedem Gassigang einen Schritt näher kommen.

Tja, nun. Leider ist das nicht der einzige Punkt auf meiner Liste gewesen, die ich auf Tinas Ratschlag hin in ein buntes, farbiges Visionboard verwandelt habe. Das ist die coole Bezeichnung für ein großes Plakat, auf das man einfach alles klebt, was man schön findet. Wenn man auf Magazine und Zeitschriften steht und einen Grund braucht, sich einen Stapel davon ins Haus zu holen, sind Visionboards wirklich klasse. Darüber hinaus sollen sie helfen, die eigenen Träume und Ziele zu visualisieren. Manche beschreiben sie sogar als »magisches Tool«.[14]

Als ich Boris davon erzähle, bricht er in Lachen aus. »Deine Bastelei ist doch nicht magisch!« Dann fragt er ernst: »Du willst das Ding aber nicht wirklich aufhängen, oder?«

Doch, will ich. Und zwar im Schlafzimmer, genau wie es die klugen Life-Coaches empfehlen, damit das Visionboard beim Aufwachen das Erste ist, was ich sehe. Leider schlafen wir mit zugezogenen Vorhängen, außerdem wird es dank der grauen Wolkendecke nicht wirklich hell, und das bedeutet, dass ich das Visionboard recht selten zu Gesicht bekomme. Egal, der Wille war da.

Und das Basteln des Visionboards hat wirklich geholfen, mir ein Bild von meinem neuen, gesunden, erfüllten und selbstbestimmten Leben zu machen, das ich eines nicht allzu fernen Tages führen will.

Ich habe mit sprudelndem Wasser gefüllte Gläser aus Zeitschriften ausgeschnitten, einen Apfel, der von einem Maßband die Taille eingeschnürt bekommt, eine Frau, die mit einem Hund im Park Frisbee spielt, aber auch einen Koffer voller Geldscheine, einen Infinitypool irgendwo auf Bali und eine Villa auf einer Privatinsel. Auf dem Visionboard sollen nämlich ausdrücklich auch weit entfernte Ziele stehen, und darunter fallen für mich auch die völlig unerreichbaren Sachen wie Inseln im Pazifischen Ozean.

Nun warte ich, dass das Visionboard seine Arbeit tut. Let the magic happen! Dafür muss ich mich nur aufs Bett legen und meine Wünsche visualisieren. Das Gehirn kann zwischen Fiktion und Realität nämlich nicht unterscheiden. Ob es sich beispielsweise Stress nur vorstellt oder tatsächlich erlebt, ist ihm egal, denn die Hormone werden im selben Maße ausgeschüttet. Deswegen haben wir Lampenfieber – allein die Vorstellung, auf die Bühne zu gehen, sorgt für feuchte Hände, zitternde Knie und akuten Speichelnotstand im Mund. Auch wenn wir verliebt sind und an unseren Schwarm denken, knallt das in die Synapsen voll rein und bombardiert uns mit Glücksgefühlen, obwohl der oder die Angebetete gar nicht da ist. Genau dieses Prinzip, das auf der Annahme fundiert, das → **Gesetz der Anziehung** sei mehr als esoterischer Humbug, kann man sich für die Wunscherfüllung zunutze machen. Im Grunde ist der weltweite Megabestseller *The Secret* nichts anderes als systematische Einbildung: Ich stelle mir intensiv vor, erfolgreich, schön, attraktiv, gesund und was weiß ich noch zu sein, und, schwuppdiwupp, schenkt mir das Hirn die passenden Hormone dazu und versetzt meinen Körper in einen Zustand, als ob ich meine Ziele bereits erreicht hätte. Das Leben zieht dann zwangsläufig nach, weil man nämlich den gesamten Organismus bereits auf Erfolg, Glück und Gesundheit ausgerichtet hat. Raffiniert, oder? Auch Topathleten und Sportler arbeiten so, indem sie zum Beispiel einen Parcours oder eine Abfahrt im Geiste so oft erfolgreich abfahren, bis selbst die letzte Zelle ihres Körpers darauf eingestellt ist, die Zieleinfahrt zu erreichen.

Ich mag diese Art der mentalen Arbeit. Manifestieren ist genau mein Ding! Der Geist ist willig, der Körper chillig. Und so liege ich nach Feierabend also auf der Couch und stelle mir sehr eindringlich meinen Infinitypool vor. Und die sieben Gläser Wasser. So lange, bis ich wegdöse.

Das mache ich mehrere Tage lang. In meiner Fantasie male ich mir aus, wie ich ein disziplinierter und selbstbestimmter Mensch bin und bei der nächsten Silvesterparty alle mit meiner rattenscharfen Figur überrasche. Es kommen viele grüne Smoothies in meinen Vorstellungswelten vor, aber sie schmecken nicht nach Spinat, sondern nach Banane und Schokolade und haben null Kalorien. Wenn der Wecker um 4 Uhr 30 klingelt, hüpfe ich ausgeschlafen und froh aus dem Bett, springe unter die kalte Dusche und betrachte meine beneidenswert straffen Oberschenkel. Dann schreibe ich noch ein paar Seiten in mein Dankbarkeitstagebuch, poste ein supersüßes Foto von unserem Hund und hüpfe gut gelaunt zur Arbeit. In meiner Fantasie bin ich nicht irgendein #thatgirl, ich bin DAS #thatgirl, die Urmutter aller #thatgirls!

Doch sosehr ich meine Imagination auch bemühe: In der Realität passiert nix. Nicht am achten, nicht am neunten, nicht am drölften Tag meiner Schöpfungsgeschichte. Wir haben Anfang März, und ich habe nur einen halben Vorsatz erfüllt, der zu allem Überfluss auch noch mehr auf Boris' Konto einzahlt als auf meines. Das lassen die anderen sicher nicht gelten.

Wenn weder das Universum noch die Spiritualität auf meiner Seite sind, sollte ich doch langsam mal über Religion nachdenken. Gibt es in irgendeiner Glaubensrichtung einen Gott, den man anbeten und um Umsetzungskraft bitten kann?

»Mars«, sagt Sophia, meine Kollegin, der ich in der Kaffeepause von meinem Problem berichte. »Das ist der Kraftplanet, der für kämpferische Stärke, Willenskraft und Antrieb steht.«

»Das ist ja großartig!«, jubele ich und werfe vor Freude noch ein Zuckerstück in die Tasse.

»Im Grunde schon. Das neue astrologische Jahr beginnt aber erst am 20. März, und damit wird dann alles im Zeichen des Mars stehen.«

Mein Blick wandert zum Kalender an der Wand. Es sind noch 18 Tage bis dahin. Ob ich es darauf ankommen lassen soll, einfach auf die Sterne zu warten? Oder soll ich schon mal loslaufen? Carpe diem und so? Oder lieber gut Ding will Weile haben? Warum müssen sich diese Redewendungen aber auch andauernd widersprechen?

»Am 20. März ist die Frühlingstagundnachtgleiche, an diesem Tag verlässt die Sonne das Sternzeichen der Fische und tritt in den Widder ein.«

»Ah. Okay.« Wovon redet sie da?

»Nach der chaldäischen Reihe wird ab dann Mars das Jahr mit seiner Energie bestimmen.«

Ich frage mich, ob ich nicht besser in einem Glückskeks nach der Antwort auf meine Frage gesucht hätte. Woher weiß sie das alles? Bestimmt hat sie das in einem ihrer Jodeldiplomseminare gelernt.

»Auf jeden Fall kehren mit dem Mars viel Energie und Umsetzungskraft zurück«, sagt Sophia sehr weise. »Wir bekommen mehr Kraft und Mut, uns durchzukämpfen und für uns einzustehen. Mars ist in der römischen Mythologie der Kriegsgott, ein Eroberer, der keine Rücksicht auf Verluste nimmt.«

Das ist genau der Spirit, den ich brauche. Nicht so ein Zögern und Zaudern, sondern eine Detlef-D!-Soost-artige Pampampam-Mentalität, die mich vor sich hertreibt, bis ich die bin, die ich in der besten aller Parallelwelten sein könnte. Ich spüre Unruhe in mir aufsteigen. Endlich geht es voran!

»Mit dem Mars hören auch das Vertagen und Hinauszögern auf. Die Ära der → **Prokrastination** hat mit ihm ein Ende.«

Ich weiß nun mit Sicherheit, dass ich den Mars liebe.

»Das Problem ist«, fügt Sophia hinzu, während sie eine Schublade in der Kaffeeküche aufzieht und einen Schokoriegel herausholt – zu meiner Enttäuschung ist es ein Twix –, »dass es immer eine Schattenseite gibt. Der Mars hat auch sehr viel zerstörerisches Potenzial.« Sie reißt die Verpackung auf, schiebt sich einen der Riegel in den Mund und beißt ab. »Wenn die Kraft des Mars nicht gut gelenkt wird, kann sie Schlimmes bewirken.«

»Was könnte das sein?«, frage ich amüsiert und stelle mir vor, dass ich nicht fünf, sondern 15 Kilo abnehme, nicht eine, sondern drei Stunden mit dem Hund spazieren gehe und nicht um 4 Uhr 30 aufstehe, sondern gar nicht erst ins Bett gehe, weil ich Schlaf aus meinem Leben nämlich einfach verbannt habe. Bäm.

»Was bist du denn für ein Sternzeichen?«

»Waage.«

Sophia verzieht den Mund. »Ungünstig.«

»Bitte?«

»Zwilling, Jungfrau oder Stier wäre besser.«

»Vielleicht hat sich meine Mutter im Geburtsdatum vertan?«

Sophia wiegt den Kopf hin und her. Sie ist völlig in ihren Vortrag versunken und scheint nicht mal mehr zu bemerken, dass ich da bin. »Waagen müssen aufpassen, damit sie nicht über das Ziel hinausschießen. So eine Waage ist ja oft unentschlossen.« Jetzt sieht sie mich doch an. »Eher umsetzungsschwach.«

Ich schweige diplomatisch.

»Mit der Marsenergie kann das erst mal gut vorangehen, dann aber, na ja, nach hinten raus schwierig werden, mit der Energie umzugehen.«

Kommentarlos öffne ich die Schublade mit den Schokoriegeln. Ganz hinten kann ich eine schwarze Verpackung mit roter Aufschrift erkennen. Das ist eindeutig meiner.

»Und du glaubst an das alles?«, frage ich Sophia skeptisch, während ich mein Mars aus der Verpackung schäle und mit einem entschiedenen Schmatzen hineinbeiße.

»Auf jeden Fall. Du nicht?«

Ich stopfe mir den Rest des Schokoriegels in den Mund und brumme irgendwas Unverständliches. Manchmal ist es gut, dass ich meine Harmoniesucht doch noch nicht ganz überwunden habe.

Am Abend, als ich nach Hause gekommen bin und beim Essen wieder einmal viel zu oft in den Brotkorb gelangt habe, stehe ich nachdenklich vor dem Visionboard. Wieso komme ich nicht ins Handeln? Ich weiß doch, was ich will, und meine

Ziele habe ich auch smart definiert (abgesehen vom Infinitypool und der Inselvilla, denen gebe ich noch etwas Zeit, um zu reifen). Ja, okay, meine Motivation ist eher extrinsisch wegen dieser blöden Wette. Auch wenn ich zugeben muss, dass ich auch gern aus intrinsischen Gründen etwas weniger wiegen und etwas mehr in meinem Leben auf die Kette kriegen würde. Aber warum bin ich dann nicht schon viel weiter? Beziehungsweise: habe endlich angefangen? Weshalb beschäftige ich mich lieber mit stylishen Bildchen als der Umsetzung? Was brauche ich denn bitte noch, um endlich loszulegen? Ich dachte, jedem Anfang wohnt ein Zauber inne. Deswegen doch das magische Visionboard. Muss ich wirklich auf das Marsjahr warten, bis es losgeht? Hängt mein Leben tatsächlich von Sternenkonstellationen ab?

Oder doch von meinem inneren Faultier? Ich kann es manchmal beinahe schnarchen hören. Wenn nicht einmal die Sterne und Zauber helfen, liegt es eben doch an mir. Dann sind Visionboard und Opfergaben an den großen Gott des Krieges (ein Energydrink, ein Magnet in Stierform, den mir Sophia mal aus Andalusien mitgebracht hat, die Spielzeugfigur eines Jedi-Ritters von Boris, alles als selbst gebauter Altar angerichtet, mit ein paar Chilischoten auf einem roten Teller, um den Gott gnädig zu stimmen) nur weitere Versuche, mich vom Eigentlichen abzulenken. Dann wäre ich nicht gut vorbereitet, sondern schlicht und ergreifend faul.

»Prokrastination«, sagt Tina in ihrer Sprachnachricht an mich, und ich ahne Schlimmes. Die Nachricht ist 7 Minuten 32 lang und wurde offenbar beim Joggen aufgenommen, das höre ich am rhythmischen Klatschen ihrer Schuhe auf dem Asphalt – und weil ich Tina in einem früheren Leben viel zu lange bei ihren Runden begleitet habe und die Geräuschkulisse kenne. Das Schlimmste ist aber: Sie keucht nicht mal. »Das

Wort kommt aus dem Lateinischen und setzt sich aus dem Präfix *pro* für ›vor‹ und dem Substantiv *crastinum* für ›morgiger Tag‹ zusammen.«

Aha. Dann ist es im Prinzip die Zusammenfassung des Sprichworts ›Was du heute kannst entkorken, das verschiebe nicht auf morgen‹. Oder wie ging das Sprichwort noch mal?

»Vor allem ist Prokrastination aber eine pathologische Störung.«

Ich will mich echauffieren, mich aufregen, dagegenhalten. Aber es wäre sinnlos, denn Tina hat die Nachricht vor elf Minuten abgeschickt. Sie ist schon längst weitergelaufen.

»Wer prokrastiniert, verschiebt oder vertagt seine Aufgaben so lange, bis er sie nur noch unter Druck fertigstellen kann – oder gar nicht. Weil das Phänomen zuerst an Studierenden wahrgenommen wurde, heißt es übrigens auch Studentensyndrom.«[15]

Ich glaube, ich spiele die Nachricht besser doch in doppelter Geschwindigkeit ab. Sie sorgt jetzt schon dafür, dass ich mich mies fühle.

»Vielleicht fragst du dich jetzt, warum man überhaupt prokrastiniert«, fährt Tina in der Sprachnachricht unbarmherzig fort. »Vor allem tut man es, weil man vermeiden möchte, mit der eigentlichen Aufgabe anzufangen. Da man trotzdem tätig ist, gaukelt man sich ein gutes Gefühl vor. Aus diesem Grund fangen Betroffene dann oft an, den Schreibtisch aufzuräumen oder die Badezimmerschränke auszuwischen, anstatt sich beispielsweise an ihre Doktorarbeit zu setzen.«

Ich halte die Sprachnachricht an und lasse Tinas Worte wirken. Echt jetzt? Bin ich so? Bislang kommt es mir nicht so vor, als würde ich besonders vielen anderen Tätigkeiten nachgehen, anstelle der Dinge, die ich mir vorgenommen habe. Sieht man vom Basteln von Visionboards mal ab.

Doch dann fällt mir ein, wie ich mich verhalte, wenn die

Steuererklärung ansteht. Und begreife, dass Tinas Diagnose stimmt.

Mein Vorgehen sieht nämlich folgendermaßen aus: Ich nehme mir Monate im Voraus ein Wochenende frei, an dem ich *endlich* die Steuererklärung machen möchte. Freunden sage ich ab, meine Eltern bitte ich um Rücksicht, von Anrufen oder etwaigen anderen Unterbrechungen abzusehen, am Freitag gehe ich früher aus dem Büro, damit nichts meine Konzentration stört. Wenn ich dann zu Hause angekommen bin, muss ich mich erst einmal ausruhen, weil ich ja weiß, dass die kommenden zwei Tage sehr anstrengend werden. Und wenn ich dann gegen fünf aus meinem Mittagsschlaf erwache, lohnt es sich eigentlich auch nicht mehr, anzufangen. Also beschließe ich, am nächsten Morgen früher aufzustehen, und suche mir eine neue Netflix-Serie aus. Die ich unglücklicherweise bis nach Mitternacht durchbinge, weshalb aus dem frühen Aufstehen nichts wird. Erst mal ein stärkendes Frühstück! Das dauert meist etwa zwei bis vier Stunden, weshalb danach unbedingt ein kleiner Nap gemacht werden muss. Wer will schon ausgepowert die Steuer machen? Eben. Wenn ich erwache, fühlt sich die Kuhle auf dem Sofa sehr gemütlich an, noch gemütlicher als sonst, und sie zieht mich tiefer in sich hinein und flüstert mir zu: Morgen ist auch noch ein Tag. In diesem Augenblick fällt mir meistens ein, dass ich noch nicht mit dem Hund gespielt habe. Und saugen muss ich auch noch. Außerdem ist am Sabbat die Arbeit sowieso verboten. Zwar nur für jüdische Gläubige, aber ich bin diesbezüglich sehr weltoffen, weshalb ich jetzt auch nicht mehr mit der Steuer anfangen muss. Wenn ich mich außerdem richtig ranhalte, sage ich mir selbst, und mich einfach mal konzentriere, kriege ich das locker auch an einem Tag hin. Ich muss mir noch die Ordner raussuchen, dann kann ich morgen gleich loslegen. Also raffe ich mich noch einmal vom Sofa hoch, suche gedankenverloren ein paar Dokumente zusammen, von denen ich nicht weiß, woher ich sie habe und wohin sie gehören, und lege sie auf den Esstisch.

Am kommenden Tag, dem Sonntag, muss der Dokumentenstapel erst mal dem Frühstück weichen, ich lege ihn auf der Kommode ab. Vielleicht fühle ich mich dazu berufen, zum ersten Mal seit vielen Monaten den Backautomaten wieder rauszukramen, damit wir uns an frischen Sonntagsbrötchen erfreuen können. Natürlich reinige ich ihn nach der Benutzung mit einer Zahnbürste. Muss ja auch mal gemacht werden. Die Stunden rinnen dahin, ich entscheide mich, die Küchenschublade zu inspizieren, in die wir einfach alles reinstopfen, und im Anblick des Chaos doch nicht auszumisten, mache einen langen Spaziergang mit dem Hund, finde sogar die Fugenbürste wieder, um in der Dusche mal wieder für porentiefe Reinheit zu sorgen, und ehe ich michs versehe, ist es schon Abend, der Dokumentenstapel für die Steuer wurde von der ungelesenen *Zeit* und einigen Kaufland-Prospekten bedeckt, der Steuerklärung bin ich keinen Schritt näher gekommen. Ich habe ein volles Wochenende mit Aufschieberei verbracht und es nicht einmal genossen.

So geht das etwa ein halbes Jahr. Sobald die ersten Briefe vom Finanzamt eintrudeln, in denen ich mit maschinell erstellter falscher Freundlichkeit an meine Abgabe erinnert werde, habe ich ein solches »Steuerwochenende« nicht mehr einmal im Quartal, sondern zweimal im Monat. Bis zu dem Moment, in dem mich mein geduldiger, aber eben auch sehr humorloser Finanzbeamter mit nicht mehr ganz so verständnisvoller Stimme daran erinnert, dass die Steuerklärung am Montag da sein muss, wenn ich keine Strafe zahlen will. *Dann,* ja, dann komme selbst ich in Bewegung. Bis zu diesem Zeitpunkt arbeite ich meine Aufgabe aber mit der Geschwindigkeit des Faultier-Sachbearbeiters aus dem Film *Zoomania* ab:

in Super-Slow-Motion.[16] Ach, was gäbe ich dafür, wenn ich meine Prokrastination mit doppelter Geschwindigkeit abspielen könnte wie die Sprachnachrichten meiner Mutter, die eigentlich nie unter zwölf Minuten dauern und in der Regel nur aus Wiederholungen bestehen.

»Menschen prokrastinieren vor allem dann«, fährt Tina in ihrer Sprachnachricht fort, »wenn sie Angst vor dem Versagen haben oder sich vor einer Aufgabe fürchten. Oder weil sie sich von vorneherein unrealistische Ziele gesetzt oder die Zeit völlig falsch eingeteilt haben. Manchmal sogar aus → **Perfektionismus**: Weil sie ahnen, dass sie ihren eigenen Ansprüchen nie gerecht werden können, vertrödeln sie so viel Zeit oder stopfen sich den Kalender mit anderen Aufgaben voll, damit sie eine herrliche Ausrede haben, warum sie das eigentliche Projekt nicht in einer besseren Qualität oder im vorhandenen Zeitbudget geschafft haben.«

Immerhin, Perfektionismus ist nun wirklich nicht mein Problem. Das tröstet mich auf eine morbide Art und macht mich ein wenig froh. Wenigstens ein Feld im Psychomacken-Bingo, das ich nicht ankreuzen muss.

»Die Zusammenfassung für Prokrastination lautet also: Man übernimmt angenehmere und einfachere Aufgaben und lenkt sich mit Belanglosem ab, anstatt sich seiner Angst, seinem eigenen Anspruch oder seinen negativen Gefühlen zu stellen. Prokrastination ist damit ein klassischer Verdrängungsmechanismus. Schau dir mal die → **Eisenhower-Matrix** dazu an.«

Ich bin ehrlich, ich habe keine Lust auf diese Matrix. Also gebe ich mir eine halbe Stunde lang redlich Mühe, mich mit Hundevideos auf Instagram, dem Wetterbericht der nächsten Woche und Headlines auf Gala.de abzulenken.

Doch dann ploppt plötzlich eine neue Nachricht auf meinem Display auf. Tina schreibt: »Google das! Jetzt!«

Zähneknirschend schließe ich alle Apps bis auf den Internetbrowser und fange an zu lesen.[17] Schon nach kurzer Zeit habe ich verstanden, was den prokrastinierenden Geist vom nicht prokrastinierenden unterscheidet. Es ist die Fähigkeit, zwischen »wichtig« und »dringend« zu unterscheiden.

Normalerweise soll die Eisenhower-Matrix, tatsächlich benannt nach dem US-amerikanischen Präsidenten, helfen, bei verschiedenen anstehenden Aufgaben die dringenden von den nicht dringenden und die wichtigen von den nicht wichtigen zu unterschieden. Frei nach dem Motto: Die guten ins Töpfchen, die schlechten ins Kröpfchen.

	dringend	**nicht dringend**
wichtig	**A** **wichtig** **& dringend**	**B** **wichtig, aber** **nicht dringend**
nicht wichtig	**C** **dringend,** **aber nicht wichtig**	**D** **nicht wichtig** **& nicht dringend**

Es ist ganz einfach: Man ordnet all seine Aufgaben einer der vier Kategorien zu und arbeitet sich dann der Reihe nach von A bis D vor. Also zuerst die Aufgaben aus dem Lager »wichtig und dringend«, dann die wichtigen, aber nicht dringenden Aufgaben, dann die dringenden, aber nicht wichtigen und zuletzt die, die weder das eine noch das andere sind. Von den A-Promis zu den Sternchen der Kategorie D, also von King Charles und George Clooney zu irgendwelchen TV-Glamourpaaren, die eines Tages im Dschungelcamp landen.

Das Problem bei Prokrastinierern: Sie halten sich unentwegt mit der C- und D-Prominenz auf. Das ist nicht nur fatal für die eigene Produktivität, sondern hemmt auch das Selbstwertgefühl. Richtig gut fühlen wir uns nämlich nur, wenn wir Aufgaben aus dem Quadranten »wichtig, aber nicht dringend« erfüllt haben – also aus dem Kasten B.

Das ist für mich ein echter Gamechanger. Als hauptberufliche Prokrastiniererin kann ich also aus meinem Handeln nie gute Gefühle ableiten. Ich bin ja ständig damit beschäftigt, entweder meine Zeit mit Unsinn zu verdaddeln (Quadrant C und D) oder die Brände zu löschen, die durch meine Aufschieberitis verursacht wurden (Quadrant A). Das ist Energieverschwendung in Reinform und sorgt außerdem für mehr Stress, als ein einzelner Verstand aushalten kann.

Aber jetzt wird alles anders!

Es geht ein Ruck durch die Blumenthal, ihr Leben wird sich von Grund auf ändern.

Ich krame meine 13 Wünsche aus den Raunächten sowie die Liste von Januar aus den Schubladen meines Schreibtisches und überfliege die Dinge, die ich mir vorgenommen habe (wir erinnern uns: abnehmen, mehr Sport, mehr Wasser, weniger Geld ausgeben … das Übliche eben). Dann fange ich an, sie in die Kategorien A bis D der Eisenhower-Matrix zu sortieren.

Meine Überraschung kennt keine Grenzen, als ich wenige Minuten später feststelle, dass kein einziges Ziel, das ich mir vorgenommen habe, um ein glücklicherer Mensch zu werden, sowohl wichtig *als auch* dringend ist. Wenn es überhaupt etwas von meiner Liste gibt, das dringend ist, dann sind es die acht Kilo weniger, weil ja eben schon März ist und ich im Oktober nun wirklich keine Bikinifigur mehr brauche.

Aber ist eine Bikinifigur *wichtig?* Vor allem gemessen am großen Ganzen, also dem Hunger auf der Welt, der Klimakrise, der Überbevölkerung … Okay, ich höre auf. Natürlich ist meine Bikinifigur weder für den Fortbestand der Menschheit noch für mein persönliches Überleben in irgendeiner Weise von Bedeutung. Fairerweise muss ich aber auch zugeben, dass »freundlicher zu Boris sein« einen ähnlichen Stellenwert für das Schicksal des Planeten hat.

Trotzdem haben diese Dinge eine gewisse Bedeutung für mich, auch wenn ich, nachdem ich alles in die Matrix eingeordnet habe, sagen kann: Nichts davon sollte die Macht haben, mich derart unter Druck zu setzen, dass ich mich vor der Aufgabe fürchte und sie deswegen meide. Kein einziger Punkt ist für meine Existenz, in welcher Art und Weise auch immer, elementar.

Und ist das angesichts des Abschmelzens der Polkappen, der asiatischen Winterspiele in Saudi-Arabien 2029 und des bevorstehenden siebten Artensterbens nicht endlich mal eine gute Nachricht?

Haaaalt!, ruft da eine Stimme in meinem Inneren. Und was ist mit der Wette? Du willst doch nicht wie der letzte Depp dastehen, wenn alle anderen von ihren Heldentaten berichten, oder?

Natürlich nicht, antworte ich. Aber im Vergleich zum Klimawandel und dem Untergang der Welt ist es ja wohl völlig hupe, ob ich die Einzige in der Truppe bin, die ihren guten Vorsatz nicht einhält. Gibt eh bald keinen Ort mehr, an den wir in den Kurzurlaub fahren können.

Als ob das Universum doch manchmal zuhören würde, bekomme ich in diesem Augenblick eine Nachricht auf dem Display meines Handys angezeigt. Tina hat eine neue Gruppe gegründet. Sie heißt: Gute Vorsätze. Mitglieder sind Boris, Malte, Arne, Kathi, Tina und ich. Und der erste Post zeigt ein Foto von Tinas Pulsuhr. Sie ist heute zum ersten Mal die Halbmarathonstrecke gelaufen. Zwar noch nicht in der Zeit, die sie anvisiert hat. Aber verdammt noch mal, sie ist 21,0975 Kilometer gerannt!

Ich kann die Gruppe gar nicht so schnell auf stumm schalten, wie die anderen reagieren. Tina erntet GIFs von jubelnden Minions, das Emoticon einer Rakete, Feuerwerke und Gratulationen von allen Seiten. Nach einigen Augenblicken ringe ich mich zu einem Daumen-hoch-Emoticon durch und fühle mich wie der größte Neidhammel der Welt.

Wenn ich genervt oder gefrustet bin, gehe ich in eine Buchhandlung. Bücher passen nämlich einfach immer, egal, ob man gerade in shape ist oder aus dem Weihnachtsurlaub kommt. Und Bücher machen glücklich. Sie versprechen, für viele Stunden in andere Welten abzutauchen. Außerdem fühle ich mich ausnahmslos immer gut, wenn ich ein Buch abgeschlossen habe. Ein tiefes Gefühl der Befriedigung ergreift dann von mir Besitz, ich habe etwas geschafft, etwas zu Ende gebracht, und dafür konnte ich bequem liegen oder sitzen, und es war nicht mal unangenehm. Und wer weiß, vielleicht finde ich ja *das* Buch, das mir hilft, meine Prokrastination ein für alle Mal abzulegen. Insofern ist der Besuch der Buchhandlung nicht nur wichtig für meine Psyche, sondern auch dringend und bekommt damit die A-Feld-Auszeichnung.

Beschwingt schlendere ich also durch den Laden, in meinem Einkaufskörbchen liegen bereits mehrere Romane und Thriller, die ich auf dem Weg in die Sachbuchabteilung entdeckt habe. Die lese ich natürlich *nach* dem wahnsinnig guten Ratgeber, der alles ändern wird. Es dauert eine Weile, bis ich zwischen den Regalen »Lebenshilfe« und »Psychologie« die richtige Kategorie finde und die Titel der Bücher überfliege. *Wie du alles schaffen kannst. In sieben Tagen zum Allesmacher. Nie wieder Ausreden.* Auf den Covern sehe ich Turnschuhe, Zahnräder und sehr viele motivierte Autoren. Uff. Da vergeht mir gleich die Lust. Etwas desillusioniert wende ich mich ab – und stoße mit einer Person zusammen.

»Entschuldigung, das war keine Absicht«, haspele ich.

»Kein Problem, ich hab nicht hingeschaut. Oh! Du bist es.« Kathi grinst, dann zieht sie mich in eine Umarmung. »Na, musst du dich auch mit neuem Lesestoff versorgen?«

Ich greife nach *Nie wieder Ausreden* und halte es demonstrativ hoch. »Das ist so abtörnend, ich bringe es nicht übers Herz, das zu kaufen.«

Sie lacht. »Wie weit bist du denn mit deinen guten Vorsätzen?«

Ich winke ab. »Ich nehme mir seit Wochen ständig vor, jetzt aber wirklich loszulegen. Und dann mache ich es doch nicht. Und du?«

Kathi errötet. Dann fällt ihr Blick auf den Buchstapel in ihrer Hand. Obenauf liegt: *Der ultimative Flirtratgeber für Frauen*. Untertitel: *Wie du jeden Mann um den Finger wickelst.*

»Wolltest du nicht eigentlich …«

»Das ist nicht für mich«, sagt Kathi schnell, und wir beide wissen, dass es eine Lüge ist.

Ich muss unwillkürlich grinsen. Möglicherweise werde ich am Ende des Jahres doch nicht die Einzige sein, die ihren guten Vorsatz in den Wind geschossen hat.

»Tolles Geschenk«, sage ich und nicke in Richtung des Buches.

»Mhm«, brummt Kathi und streicht sich eine Strähne hinters Ohr. »Ich muss dann mal weiter. Wir können ja mal wieder einen Kaffee trinken gehen.«

»Klar. Gern.« Ich schaue ihr hinterher und lächle.

Übung:
Wege aus der Sackgasse

Wenn die Prokrastinationsfalle erst einmal zugeschnappt ist, ist es zugegebenermaßen nicht mehr ganz so leicht, wieder herauszukommen. Und dennoch gibt es Wege.

1. **Akzeptiere dein Schicksal**

Ja, du hast herumgetrödelt, Ausreden erfunden und dich auf Nebenschauplätzen aufgehalten, um bloß nicht mit der eigentlichen Aufgabe zu beginnen. Das ist okay. Und jetzt hör auf zu heulen und fang endlich an.

2. **Trenne Wichtiges von Dringendem**

Unter uns Betschwestern: Es gibt keinen vernünftigen Grund, weiter in den Quadranten C und D nach unsinnigen, unwichtigen und ablenkenden Aufgaben zu suchen. Identifiziere, was du brauchst, um ans Ziel zu kommen – und ignoriere, was dich davon abhält, den ersten Schritt zu tun.

3. **Fang mit dem Blödesten an**

Wenn du herausgefunden hast, wovor du den meisten Ekel, Bammel und/oder Widerwillen hast, beginne genau damit. Und nein, du wirst dich jetzt nicht damit ablenken, die Gewürze im Regal alphabetisch zu ordnen! Konzentriere dich auf die eigentliche Aufgabe.

4. **Scheiß auf deine Emotionen**

Gefühle sind nichts als Hormone, die dein Gehirn ausschüttet, um dich in eine bestimmte Richtung zu lenken, meist in Richtung der Komfortzone. Du solltest niemals alles für wahr und richtig halten, was in diesem Cocktail in deinen Organismus gelangt. Denn deine Gefühle werden von deinen Überzeugungen und Glaubenssätzen beeinflusst. Sie tun an dieser Stelle rein gar nichts zur Sache. Vor allem nicht, wenn du prokrastinierst, dann bist du nämlich nicht du selbst, du Pfeife.

5. Setze dir Zwischenziele

Eine Doktorarbeit in 72 Stunden zu schreiben ist rein technisch möglich, aber das Ergebnis wird dir bestimmt nicht gefallen. Teile all deine Aufgaben in sinnvolle, nachvollziehbare Arbeitspakete ein und verteile sie auf die kommende Woche. Mache einen realistischen Plan, wie du die nächsten Tage füllst, um dich deinem Ziel zu nähern. Plane ausreichend Zeit für Schlaf, Nahrungsaufnahme, Hygienemaßnahmen ein. Ja, auch für Klozeit!

6. Mach eine Pause

Hä, wie, du hast noch nicht einmal angefangen und sollst schon über eine Pause nachdenken? Ganz genau. Denn manchmal warten wir so lange, bis wir mit etwas anfangen, dass keine Zeit mehr für uns selbst übrig bleibt. Diese Aussicht hält uns ebenfalls davon ab, ins Tun zu kommen. Also mach dir bewusst: Dein Hirn braucht nach spätestens einer Stunde eine Unterbrechung, auch dann, wenn du im Flow bist. Öffne das Fenster, mach einen kurzen Spaziergang, räum die Spülmaschine aus oder masturbiere. Alles, was hilft, dich für ein paar Minuten aus dem Tunnel zu holen, ist gut. Nur dein Smartphone lässt du in den nächsten Tagen besser auf stumm geschaltet, und vielleicht deaktivierst du auch die eine oder andere Zeitfresser-App … Nur eine Idee.

7. Belohne dich königlich

Nach jedem Tag, an dem du dich deinem Ziel genähert hast, belohnst du dich bitte ausgiebig. Achte aber darauf, dass Belohnung und Aufgabe einander nicht widersprechen. Willst du beispielsweise Gewicht verlieren und hast dich einen Tag lang erfolgreich beim Essen zurückgehalten, wäre ein Spaghettieis am Abend, nun ja, kontraproduktiv. Aber wie wäre es mit einer Massage? Einem Treffen mit einem lieben Menschen? Deinem Lieblingsfilm? Dir wird etwas einfallen, da bin ich mir sicher. Mach dir bewusst: Diese Belohnung bekomme ich, weil ich meine heutige Aufgabe erfüllt habe, die ich mir selbst gestellt habe.

5

IRGENDWAS IST HIER FAUL – OH, DAS BIN JA ICH

Alle für eine – und keiner für mich

Ich starre auf meinen Teller, auf dem vier Karotten, eine geschnittene Paprika, ein Becher Hüttenkäse und eine Handvoll Tomaten ihr trauriges Dasein fristen. Das Gemüse und ich wissen, dass ich nachher noch an den Kühlschrank gehen und etwas Vernünftiges essen werde. Es ist so traurig.

»Guten Hunger!«, wünscht Boris und greift unbeirrt zur Tupperbox mit dem Käse darin. Er schneidet sich ein unanständig großes Stück vom Camembert ab und legt es auf eine knusprige Brotscheibe. Boris deutet auf meinen Gemüseteller. »Und davon wirst du satt?«

Ich drücke die Schultern durch. »Klar«, lüge ich schamlos.

»Für mich wäre das nichts«, sagt er mit einem Schulterzucken.

Ich schnaube. »Entschuldige mal, aber wenn *du* abnehmen willst, lässt du einfach für zwei Wochen den Süßkram und das zweite Abendbrot weg.«

Er grinst. »Sorry. Läuft bis jetzt nicht so toll, oder?«

Entschieden greife ich zu einer Karotte und beiße hinein. Es läuft beschissen. Nach drei Wochen Rohkost, Intervallfasten und Frustessen im Akkord, habe ich nicht nur nicht ab-, sondern sogar einhundert Gramm zugenommen. Es kommt mir vor, als ob meine Fettzellen beschlossen hätten, eine Versammlung abzuhalten und sich aneinander festzuketten wie die Klimaschützer im Hambacher Forst.

»Aller Anfang ist schwer«, murmele ich diplomatisch und mümmele lustlos an meiner Karotte herum.

Sogar der Hund, der eigentlich immer unter dem Tisch bettelt, hat sich angesichts meiner Lebensmittelauswahl auf Boris'

Seite geschlagen. Er sitzt jetzt nur noch bei ihm und hofft darauf, dass der Camembert auf den Boden fällt. Die Karotten, die ich ihm am Ende eines kargen Mahls auch schon mal in den Napf lege, lässt er eiskalt liegen.

»Weißt du, es würde mir leichter fallen, wenn du mich ein bisschen mehr unterstützen würdest.«

Boris hält im Kauen inne. »Ich?!«

»Ja, klar. Du spachtelst hier vor dich hin, als ob es niemanden im Haus gäbe, den das stört. Und der Kühlschrank ist voll mit leckeren Sachen, die ich viel lieber essen würde als das hier.« Ich zeige anklagend auf den Hüttenkäse. »Soll man sich in einer Partnerschaft nicht gegenseitig supporten? Ein wenig mentale Hilfe wäre wirklich nett.«

Boris schaut mich an, als hätte ich ihn darum gebeten, Frau Pressel zu einem romantischen Candle-Light-Dinner einzuladen. »Aber *du* willst doch abnehmen.«

Wo er recht hat … egal. »Und *du* bist mit mir zusammen und hast ein Interesse daran, dass es mir gut geht.«

»Ach so? Warum hast du mich denn dann nicht bei meiner Beförderung unterstützt?«

»Pöh!«, mache ich. »Was hätte ich denn deiner Meinung nach tun sollen? Bei deinem Chef anrufen wie deine Mami? Ich hab dich wenigstens nicht aufgehalten in deiner Entwicklung, indem ich dein Vorhaben sabotiert habe!«

Er lässt das Brot sinken und sieht mit einem Mal nicht mehr entgeistert, sondern verärgert aus. »Lea, ich werde nicht jedes Mal mein Leben ändern, wenn du mal wieder mit einer neuen Schnapsidee ankommst.«

»Schnapsidee?« Ich werde laut, stoße gegen den Tisch, und eine Karotte fällt vom Teller. Das ist ein Zeichen. Auch wenn der Hund natürlich nicht danach schnappt.

»Ja, klar. Dein Leben ist doch okay«, meckert Boris. »Aber du denkst, dass du glücklicher wirst, wenn du acht Kilo weniger wiegst und nur noch das Hasenfutter mümmelst. Was für ein Quatsch! An deiner Zufriedenheit wird sich gar nichts ändern, weil du *dich* nämlich in dein neues supertolles Leben mitnimmst. Da hilft dir dann auch dein Purpose nix. Den du übrigens immer noch nicht gefunden hast.«

Ich erhebe mich vom Stuhl und stütze die Hände auf der Tischplatte ab. »Was soll das denn bitte heißen?«

Auch Boris steht auf. »Dass komische Plakate an der Wand keinen anderen Menschen aus dir machen.«

»Das ist ein Visionboard!«

»Ach, du tickst doch nicht mehr ganz richtig.«

»Du … du …« Ich suche nach einer Beleidigung, die richtig reinknallt. Die Boris bis ins Mark trifft, genau wie seine Aussage mich getroffen hat. Das ist kindisch. Na und? Er hat angefangen. »Du blöder Depp!«

Ja. Das saß richtig.

Boris schnauft, dreht sich um und steht vom Tisch auf.

»Wo willst du hin? Wir sind hier noch nicht fertig!«, rufe ich ihm hinterher.

Mit der Jacke in der Hand kommt er zurück. »Ich gehe jetzt eine Pizza essen.«

Ich reiße die Augen auf, starre ihn an. »Das wagst du nicht.«

»O doch. Mit Käserand, Salami und Schinken und vier extra Zutaten!« Damit wendet er sich ab und stapft wütend aus der Küche.

Der Hund schaut ihm mit schief gelegtem Kopf hinterher. Ich betrachte nachdenklich das nicht aufgegessene Käsebrot auf Boris' Teller. Zum Wegwerfen ist das nun wirklich zu schade.

Ich bin nicht nur schlecht auf Boris zu sprechen, weil ich seit Wochen nur Rohkost esse. Tina hat mir einen Artikel weitergeleitet, der mich so sauer machte, dass ich bestimmt 70 Kalorien verbrannt habe – nur aus Wut.

Darin steht: Faulheit ist nicht nur angeboren, sie wird auch vom Umfeld beeinflusst. Da sich mein Umfeld maßgeblich durch Boris und den Hund zusammensetzt, die beide einfach alles essen, was ihren Weg kreuzt, und am liebsten den ganzen Tag auf der Couch abhängen, muss ich mich nicht wundern, dass ich mit meinen guten Vorsätzen noch nicht so weit gekommen bin.

In der französischen Studie, die in dem Artikel beschrieben wird,[18] baten Forscher 56 Menschen, an einem Spiel teilzunehmen, in welchem die Probanden Entscheidungen treffen mussten, die mit Risiko, Aufschub oder Anstrengung verbunden waren. In der ersten Runde entschied jeder Teilnehmende selbst, in der zweiten wurde ihm oder ihr mitgeteilt, wie die anderen der Gruppe sich verhalten hatten. Et voilà: Die Leute entschieden sich mehrheitlich so, wie die Gruppe sich entschieden hatte. Aus den Arbeits- wurden Faultiere. Schuld daran ist die → **Social Influence Bias**, auf Deutsch in etwa: der digitale Herdentrieb[19], der dafür sorgt, dass wir uns unbewusst anderen anpassen.

Nun, leider scheint Boris gegen diesen Herdentrieb immun zu sein. Er futtert nämlich einfach weiter, was der Kühlschrank und Lieferando so hergeben, und scheint sich einen feuchten Kehricht dafür zu interessieren, was ich alles auf dem Zettel stehen habe.

Also ehrlich mal. Wie soll ich mich da bitte verändern? Ich muss ja nicht nur gegen das Faultier in mir, sondern auch gegen Boris' teflonbeschichtete Ignoranz arbeiten. Das ist, als würde man einen Hürdenlauf auf der Eisfläche absolvieren: Kaum hast du ein Hindernis überwunden, wird der Untergrund so rutschig, dass es dich auf die Fresse legt.

Ich jedenfalls bin sehr anfällig für Social Influence Bias. Als Boris im Studium für eine Prüfung gebüffelt hat, habe ich nachts genauso schlecht und kurz wie er geschlafen und am

Ende die Hälfte von seinem Lernstoff auswendig gewusst, weil er bei jeder sich bietenden Gelegenheit die prüfungsrelevanten Inhalte wie ein Mantra rauf- und runterdekliniert hat. Deswegen kenne ich mich besser mit Projektmanagement aus, als mir lieb ist – aber leider nur in der Theorie. Sonst wäre ich auch schon weiter.

Der springende Punkt ist aber der: Wenn Boris meine Hilfe braucht, bekommt er sie. Wenn ich seine Unterstützung in Anspruch nehmen will, tut er so, als ob es ihn nichts anginge. Vielleicht rufe ich wirklich mal bei seinem Chef an.

»Na ja, aber er will ja nicht abnehmen«, sagt mein Vater, als ich am nächsten Abend bei meinen Eltern vorbeischaue und ihnen mein Herz ausschütte. Während meine Mutter den Hund mit Käsewurst vollstopft. Unnötig zu erwähnen, dass der Hund meine Eltern lieber mag als mich.

»In einer Partnerschaft unterstützt man sich«, hält meine Mutter dagegen, und ich bedanke mich im Stillen bei ihr. »Bei uns ist das doch auch so.«

Papa zieht die Augenbrauen hoch. »Ach ja?«

Meine Mutter nickt. »Als ich mit Lea schwanger war, wurdest du ebenfalls dick. Das fand ich sehr solidarisch.«

Der Hund legt die Pfote auf dem Oberschenkel meiner Mutter ab und bekommt zur Belohnung noch ein Stück vom Käsewürstchen. Vom Tisch. Wenn Martin Rütter das sehen würde.

»Mama, bitte gewöhn dem Hund das nicht an«, sage ich. »Du konditionierst ihn darauf, dass es eine positive Konsequenz hat, wenn er bettelt.«

Sie zuckt mit den Schultern. »Dann konditionierst du ihn eben wieder um, wenn ihr zu Hause seid.«

»Mann!«, rufe ich lauter als beabsichtigt. »Macht hier eigentlich jeder einfach, was er will? Was ist denn mit gegenseitiger Rücksichtnahme? Wieso unterstützen wir uns nicht mehr?«

Meine Mutter legt mir den Rest der Käsewurst hin. »Bitte schön.«

»Ich will keine Käsewurst, ich will abnehmen!«

Mein Vater schiebt den Brotkorb weg. »Und wieso machst du das dann nicht einfach?«

»Weil andauernd überall Verlockungen auf mich warten«, seufze ich und stütze den Kopf in die Hände. »Es ist so schwer. Ich esse den halben Tag Rohkost, und am Abend habe ich so Hunger, dass ich mich auf alles stürze, was meinen Weg kreuzt.«

Es wird still am Tisch. Nur das Knacken der Käsewurst ist zu hören, als der Hund ein weiteres Mal abbeißt. Mein Vater zieht seinen Teller ein Stückchen näher zu sich heran.

»Ich fand das damals bei den Weight Watchers ganz schön. Auch wegen dem Gruppengefühl. Es war immer toll, die anderen Frauen einmal die Woche zu sehen und mit ihnen über die besten Tipps und Tricks zu sprechen.«

Mein Vater und ich wechseln Blicke.

»Liebling, ich will dir nicht zu nahe treten, aber du hast bei den Weight Watchers kein Gramm abgenommen«, wendet er ein.

»Jo-Jo-Effekt«, sagt meine Mutter lapidar.

»Ne, Currywurst-Effekt!«, antworte ich. »Ihr seid jeden Abend nach den Treffen noch zur Currywurstbude gegangen, als Belohnung.«

»Na und? Es ist wichtig, dass man sich belohnt, wenn man etwas geschafft hat«, erwidert meine Mutter maulig, dann wird ihr Blick weich. »Außerdem waren die Leute aus der Gruppe so nett und haben mich immer motiviert, dranzubleiben. Auch wenn es am Ende für meine Figur nicht viel genützt hat, ich bin da wirklich gern hingegangen.«

Und das bringt mich auf die nächste dumme Idee.

Tina hat mich gewarnt. »Diese Seminare bei Motivationscoaches können eine verstörende Wirkung haben. Bist du sicher, dass du das machen willst?«

Ich, verblendet und ignorant, habe im Brustton der Überzeugung erwidert: »Das kann ich ab!«

»Vergiss den → **Ringelmann-Effekt** nicht.«

»Was ist denn das schon wieder?«

»Ein psychologisches Phänomen, das den Motivationsverlust in Gruppen und den daraus resultierenden Leistungsabfall beschreibt. Das Konzept stammt aus den 1970er-Jahren. Wissenschaftler fanden heraus, dass sich Personen in einer Gruppe weniger anstrengen, je mehr Teilnehmende sie umfasst.«[20]

Hm, das würde erklären, warum aus Mamas Weight-Watchers-Gruppe nach einem halben Jahr niemand abgenommen hatte. Und auch ich kenne das Phänomen aus unendlich vielen, ewig andauernden Meetings, in denen ein Dutzend Leute sitzen und die Karokästchen auf ihrem Block mit dem Kugelschreiber verschönern, während einer, meist der Chef, einen Monolog hält.

»Besonders tritt der Effekt hervor, wenn alle im Team auf dasselbe Ziel hinarbeiten, aber man nicht weiß, was jeder Einzelne dazu beigetragen hat. Beispielsweise bei einer Ruderstaffel. Leistung und Motivation werden signifikant schwächer im Gegensatz zu Teamanstrengungen, bei denen die Einzelleistung sichtbar ist, wie zum Beispiel im Fußball oder bei einer Schwimmstaffel. Damit verwandt ist ein weiteres Phänomen, bei dem der Einzelne seine eigene Leistung jedoch für weniger wichtig hält als die der Gruppenbesten. Man nennt das → **Soziales Faulenzen**.«

Soziales Faulenzen? Das klingt aber ganz und gar nicht unangenehm! Wieso macht man das nicht viel häufiger? Bevor ich mit Boris zusammengekommen bin, war ich mal auf einer Kuschelparty. Wildfremde Leute haben sich in einer Wohnung getroffen, um sich gemeinsam in den Armen zu liegen und körperliche Nähe auszutauschen, allerdings ohne Fummeln. Weshalb ich auch nie wieder hingegangen bin.

»Aber was ist mit Gruppendynamik? Gibt es keinen Effekt oder kein Gesetz, das beschreibt, dass man in Gruppen bessere Ergebnisse erzielt?«, habe ich Tina gefragt. »Auf irgendwas müssen diese ganzen Teammeetings doch aufbauen. Ansonsten würde man das doch nicht machen ... Wäre doch bescheuert. Und warum heißt es immer, dass man sich Gleichgesinnte suchen soll, wenn man etwas erreichen will – wenn Gruppen doch anscheinend schlecht für die eigene Motivation sind?«

Sie nickte. »Der Unterschied ist haarfein. Wenn Menschen, die allesamt ein ähnliches, individuelles Ziel verfolgen, sich gegenseitig unterstützen, loben und bestätigen, beispielsweise wie bei den Anonymen Alkoholikern oder bei den Weight Watchers, aber auch in einer Lauf- oder Lerngruppe, steigern sie gemeinsam die Motivation und die einzelne Leistung. Das hat beispielsweise eine Studie der Universität Münster[21] belegt, aber jeder kennt das auch aus seinem beruflichen oder privaten Umfeld. Die Begeisterung und der Zuspruch der anderen helfen, den Hintern hochzukriegen und mit der Arbeit anzufangen, sie aber vor allem auch durchzuziehen und zu Ende zu bringen. Der Austausch untereinander und die gegenseitige Unterstützung geben jedem Einzelnen das Gefühl, nicht allein zu sein mit dem Ziel, das es zu erreichen gilt. Es wird erst dann problematisch, wenn die Verantwortung nicht mehr bei jedem Einzelnen liegt, sondern von jemandem im Team übernommen wird. Meist ist das der Stärkste, und das sorgt dafür, dass die Moral vom Rest der Truppe sinkt.«

»Wow. Das passiert doch in jedem Büro in Deutschland hunderttausendmal am Tag.«

Tina lachte. »Absolut. Das Verrückte ist, dass es mindestens genauso viele negative wie positive Gruppendynamiken gibt, aber in der Berufspraxis ist die Fähigkeit, Teamplayer zu sein, wichtiger als alles andere. Allem Anschein nach bilden sich die Vorgesetzten nicht ausreichend weiter. Sie wissen nicht oder ignorieren schlichtweg, dass es den Effekt des Trittbrettfahrens gibt, bei dem ein Mitglied andere für sich arbeiten lässt und von deren Ergebnissen profitiert. Was genau genommen Soziales Faulenzen ist, allerdings nicht unbewusst, sondern mit Absicht. Ähnlich ist übrigens auch der Gimpel-Effekt, wenn ein Gruppenmitglied glaubt, von den anderen ausgenutzt zu werden, und daraufhin das Arbeiten einstellt.«

Ich habe nachdenklich an meiner Unterlippe genagt. »Aber was ist mit den Anonymen Alkoholikern? Die funktionieren doch auch über das Gruppengefühl. Weil man nicht allein ist mit seinem Problem. Weil man es gemeinsam schaffen kann. Und sich gegenseitig unterstützt.«

Tina hat noch lauter gelacht. »Du leidest unter Prokrastination, nicht unter Alkoholsucht. Ich weiß nicht, ob du deswegen gleich einer Selbsthilfegruppe beitreten musst.«

Und nun sitze ich hier in einem dieser nichtssagenden Allzweckräume eines Hotels im Industriegebiet von Hamburg-Bahrenfeld und frage mich, wie ich 250 Euro dafür habe ausgeben können, mich in einem Saal mit knapp 400 Leuten von einem Typ mit hochgegelten Haaren und einer so eng sitzenden Hose, dass man mehr von seiner Anatomie erfährt, als einem lieb ist, anschreien zu lassen.

»Tschaaakkkkaaaa!«, brüllt er in sein Mikrofon, und der Saal bricht in begeistertes Klatschen und Johlen aus. »Du kannst alles schaffen! Du musst es nur wollen!«

»Jaaaaa!!!!«, schreien die 400 Kehlen um mich herum noch lauter. Die meisten hier sind Männer, irgendwas zwischen 40 und 50, tragen ihren Bauchansatz über dem Gürtel und haben

Brillengestelle auf der Nase, die der Optiker ihnen als »ausdrucksstark« verkauft hat. Sie heißen Rainer und Dirk, wie die Namensschilder auf ihren Brusttaschen verraten, arbeiten hauptsächlich im Vertrieb oder im Marketing und folgen Ronnie Dreichsler, oder besser: *Motivation-Man,* seit vielen Jahren auf YouTube und Facebook. Sie haben jedes Wort gelesen, das in seinen Büchern veröffentlich wurde, können aus seinem Podcast zitieren, in dem er wöchentlich andere Gurus einlädt, um sich mit ihnen über die Stärke des menschlichen Willens und die Fähigkeit jedes Einzelnen auszutauschen, sein Schicksal in die Hand zu nehmen.

Ronnie könnte auch Alleinunterhalter sein und mit seiner Heimorgel auf Hochzeitsfeiern am Niederrhein oder runden Geburtstagsfeiern im Badischen auftreten. Frauen wie Frau Pressel mögen Männer wie Ronnie, würden seine Figur als »sportlich«, seine Ausstrahlung als »charismatisch« und seinen Humor als »herzig« beschreiben. Ich finde, dass Ronnie etwas zu oft im Solarium war und außerdem mal seinen Blutdruck untersuchen lassen sollte. Auf seiner Stirn pulsiert seit einer guten halben Stunde eine dicke Ader, vermutlich morst sie eine Nachricht an uns, vielleicht so was wie »Aneurysma«. Ronnie selbst bekommt davon offenbar nichts mit. Er scheint im Rausch zu sein, euphorisiert von seinen Worten und der Energie im Raum, getragen vom frenetischen Zuspruch der Menge, die sich bereits vor langer Zeit von ihren Stühlen erhoben hat und klatschend und Beifall spendend in Richtung Bühne starrt. Oder er ist auf Koks. Alles ist möglich.

Auf jeden Fall hat Ronnie den richtigen Beruf ergriffen. Er ist Motivationscoach, und in dieser Rolle erfüllt er alle Bedürfnisse der 399 Leute, die ebenfalls ein Ticket für seine Veranstaltung gekauft haben. Nur eine Person erreicht er nicht, das bin leider ich, denn ich kannte Ronnie Dreichsler vor diesem Tag nicht und bin mir sicher, dass ich das nicht bedaure. Möglicherweise hätte mir eine genauere Recherche diese Veranstaltung hier erspart, ich hätte zu Hause vom Sofa aus ein Video von Ronnie anklicken können und hätte mit Sicherheit nach spätestens einer Minute den Rechner wieder zugeklappt, weil mir die ganzen Urschreie und Tschakkas auf den Sack gegangen wären.

Stattdessen habe ich mich von einem Bauchgefühl und einer Instagram-Werbung leiten lassen und 250 Euro in den Sand gesetzt.

»Kennt ihr die → **72-Stunden-Regel**?«, ruft Ronnie ins Publikum, und alle grölen wieder.

Ich gröle nicht, ich kenne nämlich nur die Drei-Sekunden-Regel: Was nicht länger als drei Sekunden auf dem Boden liegt, kann noch gegessen werden, aber meistens ist der Hund schneller.

»Die 72-Stunden-Regel besagt, dass ihr alles, was ihr euch vornehmt, innerhalb von 72 Stunden beginnen müsst. Sonst sinkt die Chance, dass ihr es überhaupt jemals tut, auf wie viel?«

»Ein Prozent!«, jubeln die Teilnehmer Ronnie zu.

Warum kommen die eigentlich hierher, wenn sie doch sowieso schon alles wissen? Haben die keine bessere Verwendung für 250 Euro? Oder ist das wie beim Schlagerkonzert? Alles wissen, dass Roberto nur Playback singt und sich genauso anhört wie auf der heimischen Anlage, aber wenn er mal live in Koblenz spielt, muss man da natürlich hin.

»Ein Prozent!«, macht Ronnie unbeirrt weiter. »Das ist nichts. Wenn ihr also etwas erreichen wollt, was tut ihr dann?«

»WIR FANGEN AN!«, brüllen seine Gefolgsleute.

»Wer von euch glaubt daran, dass das Leben euch nur die Filetstücke serviert? Wer glaubt, dass er für seinen Erfolg nichts tun muss?«

»NIEMAND!«, schreien alle im Chor.

Es würde mich nicht wundern, wenn gleich die ersten Fangesänge angestimmt und La-Ola-Wellen die Runde machen würden. Im Kopf rechne ich hoch, wie viel Ronnie an diesem Tag einnimmt. 250 mal 400 … O Gott, kann das sein? 100 000 Euro?! Für – *das?*

»Leute, es ist so geil, dass ihr heute hier seid. Dass ihr den ersten Schritt in euer neues Leben gehen wollt. Dass ihr euch entschieden habt, ein Macher zu sein. Wer von euch ist ein Macher?«

Während ich noch immer über die unglaubliche Summe nachdenke, die dieser Kasper an nur einem einzigen Tag mit seinen bescheuerten »Ihr schafft das!«-Mantras einnimmt, bemerke ich plötzlich, dass es still um mich herum wird. Verwirrt hebe ich den Kopf und schaue mich um.

Und gucke in 399 Gesichter. 400, wenn man Ronnie mitzählt.

Warum haben die alle den Arm gehoben?

Und ich nicht?

»Äh … hi«, sage ich in die unheimliche Stille hinein.

»Du bist also noch kein Macher?«, fragt Ronnie und tritt an den Bühnenrand. »Du hängst noch im Träumen fest und kommst nicht ins Tun?«

»Uff, ne, also, ich war nur … Ich musste …«

»Komm doch mal für einen Moment hoch auf die Bühne, ja? Leute, einen riesigen Applaus für unsere Freiwillige, die mit mir und für euch gleich aktiv an ihren Macherqualitäten arbeiten will!«

Ich – what?! Nein.

Dann beginnt der Applaus. Der Mann neben mir, er heißt Frank, klopft mir auf die Schulter und ruft: »Bravo!« Ein anderer, der wie ein Sven aussieht, wischt sich eine Träne aus den Augen. Wie in Trance laufe ich los, arbeite mich langsam durch die Stuhlreihe und trete in den Mittelgang. Das Klatschen wird immer lauter, selbst Ronnie hat das Mikro auf den Ständer gesteckt und schlägt die Hände zusammen, als wäre ihm gerade ein besonders dicker Fisch ins Netz gegangen.

Was gewissermaßen stimmt.

Ich weiß nicht, wie ich auf die Bühne komme. Ich komme erst wieder zu Bewusstsein, als ich ebenfalls ein Mikrofon in der Hand halte und neben Ronnie in einem von zwei sehr unbequemen Kunstledersesseln sitze, die einander gegenüberstehen.

»Toll, dass du heute da bist«, sagt Ronnie und legt mir die Hand aufs Knie.

Wir schauen beide auf die Stelle, zu gleichen Teilen unangenehm berührt. Hastig zieht er die Hand weg und räuspert sich.

»Dann erzähl doch mal. Wie heißt du? Und was hindert dich daran, ein Macher zu werden?«

»Also, erst mal eine Macherin, weil ich bin ja eine Frau«, sage ich und denke im selben Moment: Blöde Idee, das Gendern bei so einer Veranstaltung. Finden auch die anderen Teilnehmer, ich sehe einige Augen, die genervt rollen, und höre entrüstetes Schnauben. Schnell weitermachen. »Ich bin Lea. Und eigentlich mache ich schon, was ich mir vornehme.«

Lüüüüüge!, seufzt das Faultier in mir und rollt sich auf die andere Seite.

»Trotzdem bist du hier.« Ronnie lächelt so breit, dass ich bis zu den Backenzähnen gucken kann. Er muss denselben Zahnarzt haben wie Stefan Raab.

»Ich hab die Karte geschenkt bekommen«, greife ich zum zweiten Mal in den Lügenkoffer. Warum ich nicht die Wahrheit sage? Müsste man mein Unterbewusstsein fragen. Vermutlich möchte ich so zum Ausdruck bringen, dass ich mich dem Publikum im Saal und insbesondere Ronnie nicht zugehörig fühle.

»Ah, da kennt dich jemand gut.« Ronnie zwinkert. Er zwinkert! Er ist ein Mann, der Frauen auf der Bühne anzwinkert, Herrgott, und ihnen die Hand aufs Knie legt. Ronnie ist die weniger charismatische Wiedergeburt von Thomas Gottschalk.

»Na gut, Lea. Dann erzähl uns doch mal, was du in deinem Leben gern verändern würdest.«

Ich werde ganz sicher nicht vor 400 Typen von meinen Abnehmplänen sprechen. *Never.* Damit fällt auch der Wunsch weg, mich mehr zu bewegen und gesünder zu essen. (Dann muss ich vielleicht auch vom Hasenfutter erzählen, und von diversen Snack-cidents mit Camembertbroten oder dem Rest der Käsewürstchen … ach, lieber nicht.) Und mein Purpose geht diesen Ronnie doch nun wirklich nichts an. Das Beste wird sein, ich fasse meine Vorhaben mit einem knackigen Satz zusammen.

»Ich möchte einfach insgesamt mehr erreichen.«

Wow. Die SMART-Formel ist gerade vor Lachen zusammengebrochen und hat sich dabei eingenässt.

»Beruflich, privat?«, hakt Ronnie nach.

»Überall.« Ich hüstele. »Ganz generell.«

»Aha.« Er nickt. »Und was hält dich davon ab?«

Ich zucke mit den Schultern. »Keine Ahnung. Ich tue es einfach nicht. Pläne habe ich gemacht. Meine Ziele sind gesetzt. Ich hab sogar ein Visionboard. Mit dem einen oder anderen habe ich auch schon angefangen. Aber es zündet irgendwie nicht.«

Ronnie sieht erst mich an, dann schaut er ins Publikum. Seinen Mund umspielt ein Lächeln. »Es ist gut, dass du heute hier bist.«

Das lasse ich jetzt einfach mal so stehen.

Ronnie steht auf und fängt an zu reden. Allerdings spricht er nicht mehr mit mir, sondern mit dem Publikum, das an seinen Lippen hängt und jedes seiner Worte aufsaugt. »So wie

Lea geht es vielen Menschen. Sie wollen, aber sie können nicht. Finden den Weg ins Land der Selbstbestimmung und Zufriedenheit nicht. Sie bleiben im Reich der Träume, stellen sich ihr Leben vor, ohne *konkret* zu werden und etwas zu *tun.*«

Szenenapplaus. Ronnie weiß, wie man die Masse begeistert. Falls das ZDF noch einen Moderator für die x-te Neuauflage von *Wetten, dass..?* sucht, ich hätte eine Empfehlung.

»Dabei ist es so einfach.« Er dreht sich zu mir um, zeigt mit der Hand auf mich. »Lea, bist du damit einverstanden, wenn wir mit dir ein Ritual vollziehen?«

Die Halle bebt. Alles jubelt, alles schreit, nur ich klammere mich am Kunstledersessel fest und lehne mich so weit zurück, wie es geht, ohne mit dem Ding nach hinten umzukippen.

Ronnie tritt neben mich, kommt mir ganz nah. Seine feuchte Hand legt er auf meine Schulter. Ich rieche sein Aftershave und muss mich zusammenreißen, um nicht aus dem Sessel aufzuspringen und davonzulaufen.

Moment mal. Wieso mache ich das eigentlich nicht? Klar, wegen meiner blöden Harmoniesucht. Weil ich mich vor 400 Mann nicht blamieren will. Oder wie eine Zicke wirken. Ich möchte nicht die Spielverderberin sein.

Aber im Ernst: Ich habe keine Lust darauf, als Versuchskaninchen herzuhalten. Nicht für Ronnie und nicht für die Leute, die zu viel Geld für seine Auftritte ausgeben.

Mit einem Mal ist es ganz einfach. Ich *bin* eine Macherin. Ich lasse nämlich nicht alles mit mir machen. Dann fange ich lieber an. Und zwar sofort. Selbstbestimmtes Leben? Kann ich. Ich erhebe mich.

»Ich brauche kein Ritual, vielen Dank«, sage ich zum verblüfften Ronnie. »Ich weiß genau, was ich will. Und *das* ist es nicht.« Ich lächle kurz und knapp. »Tschakka.«

Und dann gehe ich von der Bühne. Einfach so, weil ich es kann.

Übung:
With a little help from my friend

- Nutze die Motivation einer Gruppe, die dasselbe Ziel wie du verfolgt! Ein einziger Sparringspartner reicht schon aus.
- Achte darauf, dass im Team eine wohlwollende und unterstützende Atmosphäre herrscht. Neid oder Ellenbogenmentalität sind Gift für deine Ziele.
- Vereinbart regelmäßige Termine und Treffen, die für alle Teilnehmenden verpflichtend sind. Es ist viel schwerer, einen Termin zu schwänzen, wenn man ihn aktiv absagen muss.
- Nutze das Prinzip der sozialen Kontrolle, indem alle regelmäßig von ihren Fort-, aber vielleicht auch Rückschritten berichten. Tausche dich aus und sei dabei so ehrlich wie möglich.
- Der Erfolg jedes Einzelnen hängt maßgeblich von Lob und Bestätigung ab – also sei auch bei anderen Menschen nicht sparsam mit Komplimenten.
- Trage Sorge dafür, dass die Verantwortung für den Fortschritt bei jedem Einzelnen verbleibt und sich niemand an die Leistungen des Gruppenbesten dranklebt.

6
ZUR SACHE, SCHÄTZCHEN!

Mit Anlauf über die inneren Widerstände

Vier Wochen später darf ich mit Freuden verkünden: Der Knoten ist geplatzt. Ich habe endlich den Weg in mein selbstbestimmtes Leben betreten und marschiere seitdem sehr fleißig voran. An dieser Stelle ein herzlicher Dank an Ronnie Dreichsler. Seine Veranstaltung ist so abschreckend gewesen, dass ich nunmehr genug Motivation verspüre, meine Ziele zu realisieren. Und zwar, ich gebe es gern zu, weil ich vermeiden möchte, eine solche Erfahrung noch einmal zu machen.

Das Geheimnis meines Erfolgs setzt sich aus zwei Komponenten zusammen:

1. Ich nutze meine Prokrastination jetzt aktiv.
2. Ich habe mir Hilfe gesucht. Richtige, sinnvolle Hilfe. Keinen durchgeknallten Motivationsguru.

Zunächst einmal zu Punkt eins, das ist eigentlich am einfachsten. Als mir klargeworden ist, dass ich durchaus ins Handeln komme, indem ich nämlich alles Mögliche mache, um der eigentlichen Aufgabe zu entgehen, habe ich mir gedacht: Warum das nicht nutzen? Vielleicht ist genau *das* mein Geheimnis! Wenn ich meine Steuererklärung machen soll und mich stattdessen um die Enteisung meines Tiefkühlfachs kümmere, ist das doch eigentlich gar nicht so sinnlos, sondern muss auch einmal erledigt werden.

Tatsächlich habe ich mein großes Vorhaben, Gewicht zu reduzieren, auf einen Sockel gestellt und mir vorgenommen, mich nur noch ihm zu widmen. Wie von Zauberhand hat mein Geist dann angefangen, alle anderen Dinge anzugehen, die ich gern umsetzen wollte. Solange ich mich bloß nicht mit dem Eigentlichen beschäftigen muss, kann ich nämlich richtig ranklotzen.

Das Verrückteste ist, dass es funktioniert! Ich wiege zwar kein Gramm weniger und bin von der Bikinifigur immer noch so weit entfernt wie Russland von der Demokratie, dafür bin ich in allen anderen Punkten vorangekommen.

Mit Verlaub: Ich bin genial. Möglicherweise lasse ich mir die Methode patentieren.

Zugegeben, die zweite Komponente ist auch nicht zu verachten. Ich habe nämlich einige technische kleine Helferlein gefunden, die mich nun mehrmals täglich an meine Ziele erinnern. Da wäre zum Beispiel die Wasser-Trink-App, die ich auf meinem Handy installiert habe. Siebenmal am Tag klingelt ein Alarm und erinnert mich daran, ein Glas Wasser zu trinken. Das klappt erstaunlich gut, sogar ohne die zwischengeschaltete Kaffeemaschine. Einziger bislang etwas unangenehmer Nebeneffekt: Ich muss ständig aufs Klo. Aber das verbraucht ja auch Kalorien.

Die restliche Bewegung diktiert mir ein Armband, das via Bluetooth mit meinem Handy verbunden ist. Irgendwann am späten Vormittag ploppt eine Erinnerung auf dem Display auf, dass mir noch 4000 der 5000 geplanten Schritte fehlen. Allerspätestens dann schnappe ich mir den Hund und scheuche ihn vor die Haustür – aber auch nur an den Tagen, in denen ich im Homeoffice arbeite. Klar. Die 5000 Schritte entsprechen etwa einer Stunde Spaziergang, ich habe die Zahl bewusst niedrig angesetzt, damit ich mich ständig positiv überraschen kann. Und auch das klappt! Vor ein paar Tagen bin ich sogar zwei Stationen früher aus der Bahn gestiegen, weil ich erst bei 4800 Schritten angekommen bin, und als ich zu Hause eingetroffen bin, habe ich mein Soll übererfüllt und mich wie Lance Armstrong bei der Abschlussetappe auf der Champs-Élysées gefühlt.

Weil die Spaziergänge mit dem Hund relativ schnell relativ langweilig wurden (Hund schnüffelt, Lea wartet, es geht weiter, Döner ausweichen, Hund schnüffelt, Lea wartet, Döner ausweichen und so weiter), habe ich damit angefangen, mit ihm zu trainieren. Rückruf, Warte, Sitz an der Bordsteinkante, Stöckchenbringen, das volle Programm. Dem Hund ist anzusehen, dass er mit meinem neuen Engagement nicht so recht umzugehen weiß, aber auch er braucht vermutlich 66 Tage, um die neue Routine zu etablieren. Die bekommt er, dazu noch Leberwurst für Hunde aus der Tube. Gäbe es die für Menschen, wäre ich dem Halbmarathon vermutlich auch schon näher.

Gestern ist es zum ersten Mal passiert, dass ich mit dem Geschirr und der Leine in der Hand ins Wohnzimmer gekommen bin und der Hund den Kopf nicht unter dem Kissen versteckt hat, sondern freudig vom Sofa sprang. Ich will nicht zu viel versprechen, aber wenn das so weitergeht, melde ich uns zu so einem Agility-Ding an. Da muss vor allem der Hund rennen, während ich in der Mitte der Halle stehe und Kommandos gebe. Die Idee gefällt mir. Außerdem folge ich auf Instagram jetzt nur noch Hundetrainern, die in unzähligen Tutorials Tricks für die nächsten 100 Jahre in petto haben.

Wenn ich nun also am Handy hänge, dann weil ich a) für den Hund recherchiere, b) meinen Wasserbedarf decke oder c) auf Spotify nach Meditationsanleitungen suche. Damit habe ich nämlich auch angefangen. Ich finde Meditieren eigentlich ganz angenehm, leider schlafe ich dabei noch viel häufiger ein, als ich es beabsichtige, aber zum Glück weckt mich die Wasser-App sehr zuverlässig.

Und dann habe ich noch mit einem Finanzcoaching angefangen. Das ist vielleicht ein Spaß. Ich wusste gar nicht, dass es so unterhaltsam ist, sich mit Geld zu beschäftigen – bislang habe ich immer versucht, es so schnell wie möglich auszugeben. Aber diese Zeiten sind vorbei. Ich nehme an einem achtwöchigen Kurs nur für Frauen teil und lerne, wie ich nachhaltig und langfristig in ETFs investiere, wie hoch meine Rentenlücke ist und warum ich unbedingt damit aufhören sollte, auf dem Weg zur Arbeit beim Bäcker Cappuccino to go zu kaufen. Das sind 3,60 Euro am Tag, was nicht nach viel klingt, rechnet man es aber hoch, kommt man bei 20 Arbeitstagen auf: 72 Euro. Von der Umweltverschmutzung durch die Pappbecher mal ganz abgesehen.

Auf den Trichter gekommen bin ich durch ein Haushaltsbuch, das ich eine Woche lang geführt habe und das mir vor Augen gehalten hat, wie oft ich im Grunde das Fenster öffne und Geldscheine und Münzen in die Hamburger Morgenluft werfe. Dementsprechend habe ich auch meine Besuche im Drogeriemarkt eingeschränkt, denn wie fast alle Frauen neige ich dazu, mir zu viele Kosmetikprodukte anzuschaffen, die ich dann in irgendeiner Handtasche oder Schublade vergesse. Und selbst dem Buchhandel gehe ich momentan aus dem Weg, denn da liegen mir viel zu viele Motivationsbücher rum.

Tatsächlich gebe ich, seitdem ich mir meine täglichen Ausgaben bewusst gemacht habe, weniger Geld aus. Na ja, es hat auch damit zu tun, muss ich fairerweise zugeben, dass ich gar keine Zeit mehr für sinnlosen Konsum habe. Montagabends bin ich in einem Buchclub, dienstags ist das Finanzcoaching, am Mittwoch habe ich einen Me-Time-Abend, am Donnerstag putze ich die Wohnung, damit es vor dem Wochenende erledigt ist, und am Freitag falle ich um spätestens 21 Uhr ins Bett.

Der beste Nebeneffekt ist, dass ich auch – ohne es zu beabsichtigen – einen meiner Utopiepunkte erfülle: freundlicher zu Boris sein. Wir sehen uns nicht mehr so oft, was es mir erleichtert, ihn nicht anzuzicken oder rumzumeckern. Selbst für Meinungsverschiedenheiten habe ich keine Zeit, weil ich schon wieder weitermuss. Im Grunde laufen wir uns zwei-, dreimal am Tag über den Weg, und in den zehn Minuten läuft es wirklich super. Ich finde das ungemein praktisch und habe mich gefragt, ob das nicht ein toller Tipp für die Paarberatung wäre: Wenn es kriselt, einfach mal einen Haufen neue Hobbys und Beschäftigungen suchen. Damit lösen sich 99 Prozent der (Paar-)Probleme von ganz allein.

Ein kleines bisschen kümmere ich mich so übrigens auch um meine Ernährung – wenn auch nur eher zufällig. Seitdem Boris und ich weniger Zeit miteinander verbringen, sitze ich nicht mehr mit ihm am Tisch und schaufele Essen in mich rein, das unweigerlich auf meinen Hüften kleben bleibt. Ich mache jetzt Meal-Prep. Das ist die hippe Bezeichnung für Vorkochen und geht eigentlich ganz einfach: Man sucht sich am Anfang der Woche zwei Gerichte aus und bereitet sie für fünf Tage im Voraus zu (bei mir: Gemüsecurry mit Basmatireis und eine Salat-Bowl für den Abend). Dann tuppert man alles ein und blockiert mindestens zwei Fächer im Kühlschrank damit. Wenn es Zeit fürs Mittag- oder Abendessen wird, geht es ganz schnell, Kühlschrank auf, Essen in die Mikro, reinspachteln, Ende.

Was ich an Zeit damit einspare! Es ist wirklich unglaublich. Meal-Prep bekommt von mir fünf Sterne, ich esse gesünder und habe zudem auch noch mehr Zeit, beispielsweise fürs Ausmisten. Endlich hat sich Netflix mal als gute Investition herausgestellt. Nachdem ich mir alle Marie-Kondo-Staffeln der gleichnamigen Serie reingepfiffen habe, ist das mit dem Entrümpeln nämlich ganz schnell gegangen. Was brauche ich wirklich? Was bringt mir Freude? Es ist erstaunlich, wie viele Gegenstände in Schubladen und Schränken herumliegen und keinen erkennbaren Nutzen mehr haben.

»Es dauert nicht mehr lang«, stellt Boris fest, der auf dem Sofa liegt und irgendwas streamt, »und auch ich werde deinem Aufräumwahn zum Opfer fallen.«

Er klingt ein bisschen zynisch, während er das sagt, aber auch ein wenig beleidigt. Vermutlich das berühmte Staubkorn Wahrheit, das wie immer drinsteckt.

»Ich wüsste nicht, in welche Tonne ich dich einsortieren sollte«, versuche ich die Situation aufzulockern, ich habe nämlich keine Zeit für eine Auseinandersetzung. Die Mädels von der Finanzberatung warten, wir haben gleich eine Stunde FAQ, und ich will unbedingt erfahren, wie ich endlich an meiner Gehaltsschraube drehen kann. Am Ende verdiene ich sogar mehr als Boris. Ha, das wäre es ja!

Er sieht mich nachdenklich an. »Geht es dir gut?«

Ich bleibe verwundert stehen. »Klar. Merkt man das nicht?«

»Du bist sehr … umtriebig.« Er räuspert sich.

»Ist das schlecht?«

Er zuckt mit der Schulter. »Na ja. Wir sehen uns halt nicht mehr so oft.«

»Ich wiederhole meine Frage. Ist das schlecht?«

Boris blinzelt, dann richtet er seinen Blick wieder auf den Fernseher. Ich warte, ob noch etwas kommt, aber dann klingelt mein Handy, ich muss was trinken, und das Finanzcoaching fängt bald an, wie ich ungefragt von einem Reminder im Handy erfahre.

Als ich das Wohnzimmer bereits verlassen habe, ruft Boris mir hinterher: »Wollen wir am Wochenende mal wieder was zusammen machen?«

Ich stecke den Kopf zur Tür rein. »Klar. Ich schick dir einen freien Terminslot.«

Und dann bin ich weg.

»Du bist jetzt aber nicht wirklich im 4-Uhr-30-Club, oder?«, will Tina entgeistert wissen, als ich sie einen Tag später an den Landungsbrücken treffe.

Mittlerweile ist es Mai geworden, es ist ein sonniger Tag, Möwen fliegen über unseren Köpfen.

»Quatsch. Ich bin doch nicht lebensmüde. Aber wenn die Tage so krass voll sind, fällt man abends von ganz allein ins Bett. Das macht das frühere Aufstehen am nächsten Tag sehr viel leichter.«

Tina lächelt. »Es ist schön zu sehen, dass du deine inneren Widerstände überwinden konntest.«

Ich nicke stolz. Natürlich habe ich Tina nichts von meiner neuen Prokrastinationsmethode erzählt. Sie darf gern denken, ich hätte mich endlich aus eigenem Antrieb im Griff.

»Der innere Widerstand und der innere Antreiber arbeiten ja häufig gegeneinander. Stell dir mal vor, beide sitzen in einem Boot, dabei rudert der eine in die eine und der andere in die andere Richtung. So bekommst du ein Gefühl dafür, wie schwer es ist, ans Ziel zu kommen.«

»Allerdings. Es war wirklich brutal, ständig gegen den inneren Widerstand anzukämpfen«, flunkere ich. »Und kaum dass der Antreiber mal für eine Sekunde lockerlässt, übernimmt der Widerstand wieder das Ruder.« Ich schüttele den Kopf. And the Oscar goes to …

»Dieser innere Widerstand ist aber auch hartnäckig«, gibt Tina zu. »Ein richtiger Saboteur. Aber wenn man sich erst mal klarmacht, dass er eigentlich eine positive Absicht hat …« Sie seufzt.

»Hat der das?«

»Erinnerst du dich noch an die → **kognitive Dissonanz**? Zwei Überzeugungen, die im Inneren im Widerstreit stehen?«

Wir bleiben vor einer Frittenbude stehen. Es duftet nach Fischbrötchen, Bratfett und Heringssalat. Zum Glück habe ich vorhin schon mein Tupper-Curry gegessen und werde somit gar nicht erst in Versuchung geraten. Wäre ja auch blöd, wo ich Tina doch gerade glaubhaft versichert habe, dass ich meine Diätpläne in die Tat umgesetzt habe.

Obwohl ich zugeben muss, dass der Geruch ziemlich verführerisch ist … Und so eine Portion Pommes ist ja auch eigentlich kein Problem, ich bin ja nicht wirklich auf Diät. Nur offiziell. Trotzdem möchte ich nicht vor Tina reinhauen. Ich kann mir schon denken, was sie von meiner Methode hält. Bestimmt wird sie mir erklären, was tatsächlich in meinem Oberstübchen los ist, und dann wird der Trick nicht mehr funktionieren, und ich sitze wieder in der Tinte. Nein, sie darf ruhig weiterhin denken, dass ich die Kurve endlich gekriegt habe.

Aber warum sehen diese Pommes da drüben so knusprig und köstlich aus? Warum nur?

»Hallo? Lea?«

Ich reiße mich vom Anblick des Pappschälchens los, das eine Frau vor uns gerade über den Tresen entgegennimmt. Darin liegen in fröhlichem Chaos aufeinandergestapelt die frittierten Kartoffelstäbe, auf ihnen glänzt ein dicker Klecks Mayo. Ich schlucke angestrengt, um den Speichelfluss zu kontrollieren.

»Ja, ich erinnere mich. Eine quälende Kluft zwischen Anspruch und Wirklichkeit. Wie der Anblick von köstlichen, wohlriechenden Pommes, wenn man eigentlich auf Diät ist.«

»Genau. Der innere Antreiber und der innere Widerstand sind im Grunde auch wie zwei unterschiedliche Kognitionen, die einander widersprechen und so ein Gefühl der Dissonanz, des Missklangs erzeugen.«

Zu meinem Entsetzen holt Tina den Geldbeutel raus. »Mir knurrt der Magen. Stört es dich, wenn ich mir was zu essen hole?«

Aber doch nicht etwa Pommes?! Ich fange intuitiv zu schmatzen an. »Äh, nein«, krächze ich. »Lass es dir schmecken.«

Tina zögert, steckt dann den Geldbeutel wieder weg. »Entschuldige bitte, das war wirklich taktlos. Du bist ja auf Diät. Nein, dann bestell ich mir keine Pommes. Ich will kein Arsch sein.«

Ich schüttele hastig den Kopf und hoffe, sehr überzeugend zu wirken. »Stört mich gaaar nicht.« Und muss daran denken, dass jeder Mensch mindestens zwei- bis dreimal am Tag lügt oder zumindest flunkert. Ich glaube, auch hier stelle ich eine Ausnahme von der Regel dar. Sicherheitshalber setze ich noch einen drauf: »Ich bin gar nicht hungrig.«

Sie zieht eine Augenbraue hoch. »Echt jetzt?«

»Ja, iss ruhig.« Ich nicke auffordernd, auch wenn ich kaum glauben kann, was ich da tue. »Mach dir keine Gedanken, mein Wille ist echt superstark.« Irgendwie gelingt es mir, meinen Mund zu einem Lächeln zu verziehen.

Tina nickt dankbar, stellt sich an und bestellt eine Portion Pommes. Während sie unter meinen neidvollen Blicken zubereitet werden, fährt sie fort: »Also, weiter im Text. Antreiber und Widerstand geben jedoch sehr interessante Rückschlüsse. Der Antreiber verrät ja etwas darüber, wie wir *sein wollen*. Und der Widerstand, wovor wir uns *fürchten*. Da lässt natürlich jede Menge Raum zum Wachstum.«

Ich kann für mich jetzt nicht behaupten, dass ich mich vor den Pommes fürchte. Wohl aber vor Tinas Reaktion, wenn ich von der Blumenthal-Methode erzähle.

»Im Grunde geht es ja vor allem um die Selbstreflexion und das Anerkennen der Ängste und Befürchtungen«, quasselt Tina munter weiter. »Wenn man das schafft, kann der innere Widerstand ein toller Motivator sein. Man lernt von ihm.«

Ich kann Tina nicht mehr folgen, sondern nur noch auf die Pommes starren.

Tina bezahlt, nimmt das Schälchen mit den Fritten und stellt es auf einen kleinen Stehtisch in der Nähe. »Ach, wie doof. Da sind nun doch zwei Gäbelchen drin.« Sie hält inne, schaut mich an. »Sorry. Das muss jetzt wirklich blöd für dich sein.«

»Kein Problem«, presse ich hervor. »Ich hab keine Lust auf Pommes.«

Gleichzeitig denke ich: Wer würde denn so was sagen? Oder gar glauben?

Tina steckt sich eine Fritte in den Mund, und ich fange an, durch den Mund zu atmen, damit mir die verlockenden Düfte nicht weiter in die Nase steigen. Währenddessen spuckt mein Gehirn eine Information aus, die ich gerade nun wirklich nicht brauchen kann: *100 Gramm Pommes haben bis zu 17 Milligramm Vitamin C. Der Körper braucht mindestens 100 Gramm Vitamin C am Tag. Einfacher Dreisatz: Um gesund zu bleiben, sollte man drei bis vier Portionen Pommes täglich essen.*

Ich atme ein, ich atme aus. Mein Mantra lautet: Ich will keine Pommes. Ich will keine Pommes. Ich will …

Scheiße, das Gehirn kennt keine Verneinung. Jetzt hab ich ihm die ganze Zeit gesagt: Ich will Pommes. Ich will Pommes. Ich will …

Ich drifte komplett ab, und meine Gedanken drehen sich nur noch um die Pommes. Pommes sind lecker. Sie verbreiten keinen Hass. Sie widersprechen keiner Weltreligion, im Gegenteil, sie sind das Bindeglied unserer Gesellschaft. Pommes sind Liebe. Ich will Pommes!

Aber genau jetzt ist der Augenblick, in dem ich meine Willensstärke unter Beweis stellen kann. Ich kann das schaffen. Ich bin kein Opfer, ich bin eine Macherin!

Ein Schrei zerreißt die Luft. Ich hebe den Kopf und erblicke eine Möwe, die sich im Sturzflug auf das Pommesschälchen befindet. Instinktiv reiße ich den Arm hoch und mache:

»Kscht-kscht!« Die Möwe dreht ab, bleibt aber in der Nähe, reißt den Schnabel auf und rollt mit den Augen. Die will doch nicht etwa die Fritten wegfressen? So weit kommt es noch!

»Eine Pommes probiere ich mal«, höre ich mich laut sagen und greife nach dem zweiten Holzgäbelchen. »Heute ist Cheatday.«

Da geht er hin, mein nächster guter Vorsatz. Meine Finger zittern. Ich kann mich immer noch umentscheiden. Nur weil ich die Gabel halte, muss ich noch lange nicht …

Weiter denke ich nicht. Als die heiße, fettige Pommes auf meine Zunge trifft, setzt in meinem Oberstübchen alles aus. Die Synapsen knallen, eine riesige Ladung prickelnde Waldmeisterbrause wird in meinem Hirn ausgeschüttet, und ich fühle mich schlagartig ruhiger.

Ich weiß, was gerade in meinem Organismus passiert. Die → **Fressformel** wurde aktiviert, und ich betone es ausdrücklich, die denke ich mir nicht aus! Wenn Lebensmittel ein bestimmtes Verhältnis von Kohlenhydraten (35 Prozent) und Fett (50 Prozent) aufweisen, können sie wahre Fressorgien auslösen.[22] Das weiß man aus Studien mit Tieren und vom heimischen Sofa, sobald die Chipstüte geöffnet wird. Denn die Fressformel sorgt für ein wahres Dopaminfeuerwerk im Körper. Dopamin ist das Belohnungshormon schlechthin, einen geileren Scheiß kriegt man beim hauseigenen Dealer eigentlich nicht, weshalb wir auch alles tun, um den nächsten Dopaminrausch zu aktivieren. Eigentlich ist Dopamin der einzige Grund, warum wir überhaupt vom Sofa aufstehen. Und nicht nur Nahrungsmittel können für die Ausschüttung sorgen (das geht übrigens ratzfatz, in dem Moment, in dem die Pommes die Zunge berührt – bäm, Dopaminkick!), auch wenn wir etwas Besonderes erleben, ein Kompliment bekommen, ein angestrebtes Ziel erreichen und so weiter, werden wir mit dem Hormon belohnt.

Tina lächelt mich an. »Du hast dir echt eine Menge vorgenommen mit deiner Liste.«

Bilde ich mir das ein, oder starrt sie eine Sekunde zu lange auf mein Gäbelchen, auf dem schon das nächste Pommesstäbchen auf seine Verspeisung wartet? Ich könnte Tina wie die Möwe verscheuchen. Arm hochreißen, »kscht-kscht« schreien und dann ganz schnell alle Fritten essen.

»Du weißt schon, dass es leichter wäre, wenn du nicht alles auf einmal angehen würdest?«

»Vermutlich«, sage ich mit halbvollem Mund, »aber ich bin mehr so der Typ schwieriger Anfang, aber wenn es läuft, dann läuft's.«

Schon wieder gelogen.

Tina nickt. »Verstehe ich. Übrigens, manchen Menschen fällt es leichter, neue Gewohnheiten zu etablieren, wenn sich etwas Elementares in ihrem Alltag ändert. Ein Umzug, eine neue Arbeitsstelle, das Ende einer Beziehung … Im Gehirn werden da so viele lieb gewonnene Trampelpfade abgerissen und neu gebildet, dass man gleich auch ein paar der Unarten loswerden kann.«

Mit Boris Schluss machen? Fände ich ein bisschen übertrieben. Obwohl ich dann endlich nicht mehr um die Schokopuddings kämpfen müsste. Oder mich darüber aufregen, dass er den Trockner nie ausräumt. Aber dann müsste ich über kurz oder lang auch wieder daten gehen. Vielleicht sogar tindern. Und den Hund würde er wohl auch mitnehmen. Herrje, das wäre alles so unbequem. Und eigentlich mag ich Boris doch sehr gern. Nein, das muss auch anders gehen.

»Veränderungen sind ja sowieso ein Marathon, kein Sprint«, sagt Tina und schiebt das Pommesschälchen von sich. »Du kannst den Rest haben.«

Wieso fängt sie denn jetzt wieder von Sport an? Und sind die restlichen Fritten wirklich für mich? Ob es gierig wirkt, wenn ich die alle esse? Warum habe ich noch mal behauptet, ich würde meine Diät durchziehen? Junge, ich merke gerade, wie sehr mir das Gemüsecurry zum Hals raushängt.

»Ich finde das auf jeden Fall superstark von dir, dass du dich deiner Baustellen annimmst.«

Tina nickt bestärkend, aber das Kompliment schmeckt ein bisschen so wie das letzten Kartoffelstäbchen, das ich mir gerade in den Mund schiebe: überwürzt und nach kaltem Frittierfett.

Meine Hand sinkt auf den Tisch. Der kurze Dopaminrausch ist vorbei und wird von einer Welle der Schuldgefühle weggeschwemmt.

Was stimmt nicht mit mir? Warum lüge ich schon wieder meine Freundin an? Ich könnte ihr doch einfach erzählen, dass ich meinem großen Ziel abzunehmen noch nicht näher gekommen bin. Herrje, in spätestens drei Monaten *sieht* sie doch, dass ich kein Gramm leichter bin. Das war eine totale Schnapsidee, für die mein träger Stoffwechsel ausnahmsweise wirklich nichts kann.

Ich hätte mich nicht mit Tina treffen dürfen. Niemals. Ich sollte mich ohnehin viel seltener mit Leuten treffen. Am besten, ich bleibe ganz zu Hause. Dann kann ich in aller Seelenruhe mein Leben vor mich hin optimieren, bis die Regalwand unter der Last der Dankbarkeitsbücher und Motivationsratgeber zusammenbricht. Und währenddessen essen, was ich will. In Japan gibt es sogar einen Begriff für Menschen, die sich der Gesellschaft verweigern und in den eigenen Wohnungen verkriechen: Hikikomori. Ich kann das zuweilen leider viel zu gut verstehen.

Tina legt ihre Hand auf meinen Arm und katapultiert mich in die Gegenwart zurück.

»Nur weil man einmal nicht so konsequent war, muss man nicht gleich verzagen«, sagt sie.

Offenbar denkt sie, ich hätte ein schlechtes Gewissen. Hab ich auch, aber nicht nur wegen der Pommes.

»Weißt du, die Änderungen sollen ja anhalten. Deswegen ist es wichtig, dass man auch Rückschläge verkraftet und nicht gleich wieder aufgibt. Nur weil man einmal Pommes gegessen hat, ist die Ernährungsumstellung ja nicht gleich wieder vergessen.«

Ich lächle matt und weiß nicht, was ich sagen soll.

»Wusstest du«, fährt sie fort, »dass das Wort Diät eigentlich Lebensführung oder Lebensweise heißt? Nicht ›kurzzeitige Änderung, und danach geht alles weiter wie vorher‹. Deswegen ist es psychologisch sehr wichtig, mit seinen Vorhaben auch mal zu scheitern. Man muss am nächsten Tag einfach wieder von vorn anfangen.« Sie lächelt milde.

»Wie, von vorn anfangen?« Ich starre auf das leere Pommesschälchen, auf dem sich die Fettflecken wie ein Batikmuster ausbreiten. Ich denke an alle die Apps, die mich ans Trinken, Meditieren und Geldsparen erinnern, an den Buchclub, an das Putzen am Donnerstagabend, an die großen Gassirunden mit dem Hund. »Heißt das, die 66 Tage gehen dann von Neuem los? Wird die Zählung auf null gesetzt, oder was?«

Tina legt den Kopf schief. »Es gibt Coaches, die machen das so. Wenn du dir zum Beispiel vorgenommen hast, die Gewohnheit zu etablieren, jeden Tag etwas Gutes zu tun, machst du das so lange, bis es dir in Fleisch und Blut übergegangen ist. Sie empfehlen dafür ein Armband, das du am linken Handgelenk trägst. Hast du einen Cheatday oder kommst deinem Vorhaben einen Tag lang nicht nach, wechselt das Armband die Hand, und die 66 Tage starten erneut.«

Vor meinem inneren Auge dehnt sich die Zeit zu einem unendlichen Band aus, das sich zweimal um die breiteste Stelle des Planeten wickelt. Ich, Lea Blumenthal, gefangen in einem Raum-Zeit-Kontinuum der Extraklasse.

Ich habe einen Plan gefasst. Ich habe eine Liste erstellt. Und ich habe kapiert, wie ich mein Denkorgan überlisten kann, um nicht wieder in die Faulheitsfalle zu tappen.

Aber ich habe mir in keiner Sekunde Gedanken darüber gemacht, dass mein neues Leben viel länger dauern könnte, als mir lieb ist.

Keine Strafe ohne Gesetz

Und was macht man, wenn man schwach geworden ist? Man kann zum Beispiel das Armband wechseln und das ganze Spiel wieder von vorn anfangen. Oder man sucht sich die passende Bestrafung für jeden Fehltritt.

Vor einigen Jahren hörte ich von einem Freund, der mehr meditieren wollte, dass er einen sogenannten Beichtclub ins Leben gerufen hatte, um sein Vorhaben umzusetzen. Er fand drei Mitstreiter, die sich allesamt unterschiedliche Dinge vorgenommen hatten. Der eine wollte nur noch mit dem Fahrrad zur Arbeit fahren, der andere mehr Zeit mit den Kindern verbringen und der dritte aufhören, so viel Alkohol zu trinken. Die vier Gefährten vereinbarten, einmal die Woche für eine halbe Stunde online zum Meeting zusammenzukommen und sich von ihren Erfolgen und Misserfolgen zu erzählen. Schnell stellten sie fest, dass es relativ witzlos war, sich gegenseitig davon zu berichten, wie man es mal wieder verkackt hatte – denn die Fehltritte blieben folgenlos. Also entschieden sie, sich Strafen aufzuerlegen, individuell, je nachdem, was dem Einzelnen am meisten »wehtat«.

Mein Bekannter beispielsweise ist ein wirklich geiziger Mensch. Also beschlossen die anderen, dass er für jeden Tag,

an dem er nicht meditierte, 30 Euro in bar aus dem Fenster werfen müsse. Jeden. Verdammten. Tag. (Die Nachbarn wunderten sich in der ersten Zeit, warum es ständig Geldscheine regnete, aber es beschwerte sich niemand.)
Der Kumpel, der immer wieder zu faul fürs Fahrradfahren war, bekam von den anderen die Strafe, für jedes Vergehen am Abend seine Kinder ins Bett bringen zu müssen (sehr zur Freude seiner Frau). Der Dritte machte bei jeder verpassten Gelegenheit, Zeit mit seiner Familie zu verbringen, 100 Liegestütze. Und der Letzte, der verkappte Säufer, durfte nach jedem Tag, an dem er Alkohol getrunken hatte, nur unter die eiskalte Dusche steigen.
Vielleicht klingt es für den einen oder anderen albern, doch tatsächlich kann es eine stärkere Motivation sein, eine selbst gesetzte Bestrafung zu vermeiden, als sich seinem Ziel anzunähern.

7

WENN ES EINFACH WÄR, WÜRDEN ES ALLE MACHEN

Auch der optimierteste Tag hat nur 24 Stunden

Was klingelt denn jetzt schon wieder?« Boris steht im Wohnzimmer und hält vorwurfsvoll mein Handy hoch. »Den halben Tag geht das schon so. Kannst du das Ding nicht auf lautlos stellen?«

Ich sitze im Schneidersitz auf dem Sofa und meditiere. Oder eher: Ich versuche es. Zuerst wurde ich nämlich vom Hund abgelenkt, der genau in dem Augenblick, in dem ich in die innere Einkehr ging, minutenlang seine Pfoten abschlecken musste. Lautstark und sehr gründlich. Das permanente Schlotzen warf mich so aus der Konzentration, dass der Hund irgendwann das Wohnzimmer verlassen musste. Aber natürlich nutzt er den kleinen Moment, in dem Boris die Tür geöffnet hat, drückt sich durch den Spalt in den Raum, hüpft aufs Sofa, legt sich hin und beginnt wieder mit der Pfotenpflege.

Schlotz. Schlotz. Schlotz.

»Wenn ich das Handy auf lautlos stelle, kann es mich nicht mehr an meine To-dos erinnern«, erkläre ich und seufze genervt.

»Ist mir völlig Hupe«, meckert Boris weiter. »Alle 15 Minuten klingelt, vibriert oder bimmelt irgendwas. Kannst du nicht einfach Wasser trinken, ohne erinnert zu werden?«

Ich stehe auf, nehme ihm das Handy ab und schnaufe entrüstet. »Nein. Dann vergesse ich es.«

»Ich erinnere dich daran.«

»Wirst du nicht. Du wirst es auch vergessen, weil es dir nämlich egal ist.«

»Wetten, dass ich es nicht vergesse?« In Boris' Augen funkelt es.

Wir schlagen ein, ich schalte das Handy auf stumm und setze mich wieder aufs Sofa. Boris verschwindet, der Hund legt den Kopf auf den Pfoten ab und seufzt tief. I feel you, Buddy.

Mit geschlossenen Augen warte ich darauf, dass sich die Ruhe in mir wieder einstellt. Ich atme ein. Ich atme aus. Meine Gedanken ziehen wie Wolken am Himmel vorbei. Ich bin ganz bei mir, mein Puls wird ruhig, meine Atmung tief und langsam. Es gibt nichts, was gerade wichtiger ist als meine Entspann…

Ein Geräusch dringt in mein Ohr. Ein Röcheln. Ich hebe ein Augenlid und gucke nach links. Der Hund hat sich auf den Rücken gedreht, streckt die Beine in die Luft und hat den Mund leicht geöffnet. Schnarcht der? Jetzt? Ich warte mal ab. Nein, das war nur ein tiefes Atmen.

Also zurück in die Kontemplation. Einatmen, ausatmen. Ich werde ruhig. In meinem Inneren ist es still. Es gibt nichts, was mich …

»Chhrhhrhrhkkks-chchrsksksieee.«

Ich reiße den Kopf herum, starre den Hund an. Seine Pfoten paddeln in der Luft. Offenbar träumt er gerade vom Rennen auf der Hundewiese. Kann er ja machen, aber muss er dabei so laut sein? Ich kann nicht meditieren, wenn neben mir einer pennt. Das würde ich nämlich noch lieber machen als das Meditieren. Ob ich ihn wecken soll? Das wäre ja gemein. Andererseits weckt er mich auch dauernd und kümmert sich einen Scheiß um meine Bedürfnisse. Na ja, er ist ja auch ein Hund.

»Chhrhhrhrhkkks-chchrsksksieee.«

Das reicht. Ich gebe dem Hund einen kleinen Schubser. Er öffnet verwundert die Augen, sieht mich an, leckt sich über die Schnauze und gähnt. Alter, wie gern würde ich tauschen, Hund. Nicht meditieren, sondern schlafen. Nicht arbeiten gehen müssen, sondern auf dem Sofa chillen. Der Hund hat so gar keine Absichten, sein Leben zu optimieren. Solange es ein kuschliges Körbchen, ausreichend Bewegung, einen vollen Napf und Streicheleinheiten gibt, ist der glücklich. Der Hund hat sich bestimmt noch nie gefragt, ob er Männchen, Pfötchen oder sonst irgendeinen Kack können sollte, damit er ein besserer Hund wird und seine Potenziale entfalten kann. Dieser ganze Selbstbestimmungsquatsch ist irgendwie völlig widernatürlich. Wir sind doch nur an diesen Punkt gekommen, weil wir im Gegensatz zu Tieren höhere Bedürfnisse haben. Oder nach Maslow: Individual- und Selbstverwirklichungsbedürfnisse, die sogenannten Wachstumsbedürfnisse. Wohingegen dem Hund die physiologischen, sozialen und Sicherheitsbedürfnisse völlig ausreichen.

Bedürfnispyramide

Na toll, jetzt denke ich nicht an meine Meditation, sondern an die Pyramide von Maslow. Die kann man sich im Grunde wie einen Schichtsalat vorstellen: Unten ist die Grundlage des Ganzen, Sellerie. Der Sellerie steht für die physiologischen Bedürfnisse, also Essen, Trinken, einen sicheren Schlafplatz und sehr viel Koffein. Es folgen die Sicherheitsbedürfnisse: körperliche und seelische Gesundheit, ein bisschen Geld auf dem Konto, ein Arbeitsplatz, eine nette Bude. Das sind im Schichtsalat die Äpfel.

An dritter Stelle kommt der Schinken. Also die Sozialbedürfnisse, womit Beziehungen jeder Art, Kommunikation, Gemeinschaft, Liebe und sexuelle Intimität mit einer anderen Person gemeint sind. Auf den Schinken kommt der Lauch, also die Individualbedürfnisse. Darunter versteht Maslow Erfolg, Freiheit, Ansehen, Wertschätzung, Unabhängigkeit … Klingt ein bisschen wie aus dem Ratgeber für Yuppies. Tatsächlich hat Maslow bereits Mitte des letzten Jahrhunderts das Modell erfunden, als es noch gar keine Yuppies gab.

Ganz oben auf den Schichtsalat kommt die Mayonnaise, die Maslow als Selbstverwirklichung beschreibt. Damit meint er Talententfaltung, das Ausschöpfen der eigenen Potenziale, Kreativität ausleben … Ich glaube, heute wird das alles unter dem Sammelbegriff Purpose zusammengefasst.

Der Witz ist, dass sich ein Individuum nur von unten hocharbeiten kann – es muss also alle Bedürfnisse vom Sellerie über die Äpfel, den Schinken und den Lauch in die Schale legen, bevor er die Mayonnaise obendrauf klatscht. Die einzelnen Bedürfnisstufen müssen erfüllt sein, bevor man zur nächsten Stufe weitergehen kann. Schummeln verboten. Soweit ich weiß, gelten die Stufen nicht nur für Individuen, sondern auch ganze Generationen. Nach dem Zweiten Weltkrieg, in den späten 1940er- und 1950er-Jahren, war man in Europa beispielsweise damit beschäftigt, die physiologischen und Sicherheitsbedürfnisse zu erfüllen – Individualismus, Selbstverwirklichung oder soziale Kompetenzen waren da nicht so up to date. Das änderte sich ein Jahrzehnt später, maßgeblich in den 1960er- und 1970er-Jahren. Die 1980er- und 1990er-Jahre standen ganz unter dem Motto Individualbedürfnisse, Stichwort Yuppie. Und wir schlagen uns nun eben seit den 2000ern mit der Selbstverwirklichung herum.[23]

Ob es noch andere Lebewesen auf diesem Planeten gibt, die den Wunsch haben, sich selbst zu verwirklichen? Wo kommt der eigentlich her? Und haben wir den Wunsch nur, weil wir auch in der Lage sind, binomische Formeln auszurechnen, Raketen zu entwickeln und Limericks zu dichten? In dem Fall wäre es vielleicht cool, auf die Formeln, die Raketen und die Verse zu verzichten, weil man das alles fürs normale Leben sowieso nicht braucht, und sich mit dem zu begnügen, was man hat. Selbstverwirklichung ist so stressig.

Und Stress ist tödlich für das Meditationsvorhaben. Denk jetzt endlich an was anderes, ermahne ich mich innerlich, schließe die Augen, atme tief durch und versuche, die Gedanken beiseitezuschieben. In meinem Hirn breitet sich eine große, allumfassende Leere aus. Ich entspanne mich. Spüre, wie mein Körper schwerer wird. Nehme den Atem tief in meinem Bauch wahr …

Was ist eigentlich, wenn man seine Selbstverwirklichung eher in einem gechillten Leben findet als in Grünkohlsmoothies? Bleibt man dann auf dem Entwicklungsstand einer Amöbe stehen? Und: Wäre das schlimm?

Wieder muss ich an das göttliche Gericht denken, die letzte Station vor der paradiesischen Ewigkeit (sollte es sie geben, was ich aus vielen Gründen bezweifle). Ist das dann so wie beim Jakobsweg, dass man dem Allmächtigen oder einem seiner Handlanger einen Wanderpass vorlegen muss, in dem die Kästchen abgestempelt wurden, die man im Laufe seines Lebens erledigt hat? Wird man wieder zurückgeschickt, wenn man das mit der Selbstverwirklichung verbummelt hat? Und kann man Kästchen überspringen?

Ach, Mist. Schon wieder abgelenkt worden. Noch mal durchatmen, Wolken weiterschieben. Ich male mir in Gedanken das Bild meines Sehnsuchtsorts aus. Eine grüne Wiese, die in sanfte Dünen mündet, dahinter das azurblaue Meer mit weißen Schaumkronen drauf. Auf der Wiese steht ein Haus, davor zwei Bäume, dazwischen eine Hängematte. Ich stelle mir vor, darin zu liegen, eine leichte Brise weht um meine Nase, die Sonne scheint auf mich herab …

»WASSER!«, brüllt Boris aus dem Nebenraum, so laut, dass der Hund einen Satz macht, vom Sofa fällt und den halben Wohnzimmertisch mit sich reißt.

Diese Selbstoptimiererei hat einen wirklich unangenehmen Nebeneffekt: Meine Beliebtheitswerte sind schlechter als die von Donald Trump.

Boris hat angedroht, erst wieder mit mir zu reden, wenn ich »normal« geworden bin. Mit »normal« meint er wohl mein nicht optimiertes, faules Ich voller schlechter Gewohnheiten und Inkonsequenz. Der Hund hat sich vorhin beim Spaziergang, als ihm klarwurde, dass wir wieder auf die Wiese gehen, um dort zu üben, und nicht etwa in den Park, wo er seine Kumpels treffen und Döner essen kann, einfach auf die Straße gelegt und nicht mehr vom Fleck bewegt. Fünf Minuten stand ich da wie ein Depp und hab an der Leine gezogen, aber das Tier ging in den Sitz- oder eher Liegestreik und ließ sich nicht zum Weitergehen motivieren. Das Faultier in ihm ist echt noch größer als meines.

Auch erste Freunde beschweren sich. »Du meldest dich gar nicht mehr, was ist denn los?«, schreibt mir Kathi. Meine Eltern wundern sich, dass ich nicht mehr bei ihnen vorbeischaue. Und Frau Pressel hat mir im Hausflur eine halbe Stunde lang einen Vortrag gehalten, weil wir uns schon wieder nicht an den Kehrdienst gehalten haben.

Tja, Leute, was soll ich sagen? Ich kann mich nun mal nicht zerteilen. Ich kann nicht einerseits selbstbestimmt sein und ausgependelt und optimiert bis zum Gehtnichtmehr und mich andererseits zum Kaffeetrinken verabreden oder mich mit so etwas Profanem wie Flurputz beschäftigen. Ich kann mich nicht um meine Bedürfnisse und die der anderen noch dazu kümmern. Ihr wollt mich sehen? Dienstags und donnerstags zwischen 16 Uhr 30 und 17 Uhr habe ich einen Slot. Termine vergibt das Vorzimmer.

Wobei ich zugeben muss, dass ich meine Freunde schon ein wenig vermisse. Und Boris. Also nicht den meckernden Boris, aber den netten, mit dem ich gern drei Stunden am Abendbrottisch sitze und über den Tag, Gott und die Welt quatsche. Wie macht man das eigentlich, wenn man nie wieder Pizza und Bier zu sich nehmen darf? Muss man die anderen dann zu Karottensticks und Gurkenwasser einladen? Wird da überhaupt einer kommen? Vielleicht sollte ich das Projekt Abnehmen wirklich bleiben lassen, wenn mein Umfeld schon so empfindlich auf das Projekt Nicht-Abnehmen reagiert. Wie glücklich werde ich sein, wenn es niemanden mehr gibt, mit dem ich mein Glück teilen kann?

In England gibt es seit einigen Jahren einen Minister für Einsamkeit.[24] Ob die Engländer alle so allein sind, weil sie ihren Alltag mit Dingen vollstopfen, die sie glücklicher und selbstbestimmter machen sollen, aber am Ende nur die Zeit rauben, um echte Menschen zu treffen? Umarmen die sich nur noch virtuell? Wurde die Zwischenmenschlichkeit in Großbritannien vielleicht einfach wegoptimiert? Oder abgewählt wie die Mitgliedschaft in der EU? Denkbar wäre es, ich traue den Briten eine Menge zu.

Es ist bestimmt kein Zufall, dass ausgerechnet im Land der staatlich anerkannten Einsamkeit erste flächendeckende Versuche mit der Vier-Tage-Woche stattfinden – möglicherweise denkt die englische Regierung, dass die Leute einen Tag fürs Pub brauchen, damit sie andere Menschen treffen und trinken können, grundsätzlich eine ganz erfolgreiche Kombination, vor allem gegen Einsamkeit. Vier-Tage-Woche heißt in den meisten Fällen, dass die regulären Wochenstunden auf vier statt auf fünf Tage verteilt werden – also vier sehr lange Arbeitstage und dafür ein Tag komplett frei. Angeblich sind dann die Angestellten glücklicher. Kann ich mir beim besten Willen nicht vorstellen, dass der eine freie Tag nach vier Zehn-Stunden-Tagen irgendwas rausreißt. Da muss man sich doch erst mal von dem Stress erholen.

Viel seltener hört man die Forderung, die Arbeitszeit insgesamt zu verkürzen, also den durchschnittlichen Acht-Stunden-Tag um beispielsweise zwei Stunden zu reduzieren, bei voller Bezahlung versteht sich. Studien haben ergeben, dass die meisten Menschen produktiver sind, wenn sie weniger arbeiten (ich gehe fest davon aus, dass ich zu diesen Menschen gehöre). Das hängt damit zusammen, dass sich die meisten nur vier bis fünf Stunden am Tag wirklich konzentrieren können und nach 90 Minuten Denken am Stück sowieso eine Pause fällig ist.[25]

Als ich vor ein paar Tagen auf der Toilette saß und heimlich in einer Zeitschrift geblättert habe (denn eigentlich habe ich den Medienkonsum so weit eingeschränkt, dass Frauenmagazine und Netflix keinen Platz mehr in meinem Alltag haben, weshalb ich für alle verbotenen Dinge aufs Klo gehen muss, wie die Teilnehmenden im Big-Brother-Haus oder Dschungelcamp), las ich: Wenn man Menschen über die vier bis fünf Stunden hinaus fordert, erreicht man nur, dass sie schlechte Gewohnheiten entwickeln.[26]

Hätte mir die Hose nicht zwischen den Knöcheln gehangen, ich wäre aufgesprungen vor Freude. Das ist DIE LÖSUNG! Mein Alltag wird viel entspannter werden, wenn ich nicht mehr so viel bei der Arbeit abhängen muss. Erwiesenermaßen vertrödele ich da mehrere Stunden mit Kaffeetrinken, Unterhaltungen, Schreibtischaufräumen und was weiß ich (sagt die Forschung, nicht ich). Zeit, die ich sinnvoller nutzen kann, zum Beispiel für Selbstoptimieren und soziale Kontakte.

Noch während ich auf dem Klo saß, fing ich an zu recherchieren und fand prompt eine Studie, die meine Ahnung bestätigte. Die Organisation »4 Day Week Global« sowie Wissenschaftler der Universitäten in Cambridge und Oxford, dem Boston College aus den USA und der Denkfabrik Autonomy untersuchten im Jahr 2022, wie sich die Vier-Tage-Woche auf die Produktivität der Mitarbeitenden auswirkt. Sie entwickelten das 100:80:100-Modell: 100 Prozent Bezahlung bei 80 Prozent Arbeitszeit und 100 Prozent Produktivität.[27] 70 Unternehmen nahmen teil, und tatsächlich blieb die Produktivität gleich, während das Wohlbefinden der Mitarbeitenden maßgeblich stieg. Ein Zitat, dem ich bei meiner Suche begegnete, kann ich nicht mehr vergessen: »Viele von CNN befragte Teilnehmerinnen und Teilnehmer des Versuchs berichten, sie hätten in der gewonnenen Freizeit neue Hobbys wie Kochen oder Klavierspielen angefangen, lange hinausgeschobene Projekte umgesetzt oder einfach mehr Zeit in ihre Beziehungen investiert. Manche engagieren sich an ihrem neuen freien Tag auch ehrenamtlich in Vereinen.«[28]

Ja, das ist doch aber genau, was ich will! Zeit haben für die Dinge, die wirklich wichtig sind.

»An einem jahrhundertealten Zeitsystem festzuhalten ergibt keinen Sinn«, schließe ich am darauffolgenden Montag meinen Vortrag und lege entschieden die Hand auf den Tisch. »Die 40-Stunden-Woche ist ein Relikt aus dem 20. Jahrhundert und fällt damit völlig aus der Zeit. Ich plädiere deshalb dafür, das 100:80:100-Modell in unserem Unternehmen einzuführen.« Ich räuspere mich. »Also in *diesem* Unternehmen. Es gehört mir ja nicht. Ähem.« Schnell schiebe ich hinterher: »100 Prozent Bezahlung bei 80 Prozent Arbeitszeit und 100 Prozent Produktivität.«

Meine Chefin schaut mich an, als hätte ich mich gerade dafür eingesetzt, dass ab Montag alle nackt im Büro erscheinen: ein wenig angeekelt, aber durchaus interessiert.

»Lea, du hast das alles sehr schön«, sie zögert, »vorbereitet.« Mit der Hand macht sie eine Geste in Richtung des Visionboards, das ich übers Wochenende gebastelt und mitgebracht habe. Darauf sind sehr viele Menschen aller Nationen zu sehen, die gemeinsam und mit einem breiten Lächeln im Gesicht auf einen Monitor gucken oder gut gelaunt in einem Meeting sitzen. Was beweist, dass die Fotos gestellt sind. Es gibt keine gut gelaunten Menschen in Meetings. So will es das Gesetz.

»Und ich gebe es gern zu, ich bin sehr froh, dass du nicht nach einer Gehaltserhöhung gefragt hast.«

Scheiße. Das habe ich vergessen. Ich hätte Boris damit eins auswischen können.

»Aber wie soll das funktionieren? Ich soll dich voll bezahlen, aber du arbeitest nur noch 80 Prozent? Wie genau stellst du dir das vor?«

Ich habe überlegt, was mir lieber wäre: jeden Tag weniger arbeiten oder einen ganz freien Tag in der Woche. Nur sechs Stunden täglich im Büro abhängen klingt geil. Um acht tauche ich auf, um zwölf ist Mittag, um drei geh ich heim. Mega. Was ich alles machen könnte in den zwei zusätzlichen freien Stunden! Ich würde mein Handy ausstellen, mich aufs Sofa legen und chillen. Ich meine natürlich: meditieren. Und gegen sechs, wenn ich dann ausgeruht und entspannt bin, würde ich mich um meine restliche Lebensoptimierung kümmern. Aber die Aussicht auf einen komplett arbeitsfreien Tag, an dem ich all die Dinge erledigen könnte, die ich möchte, um dann am Samstag und am Sonntag wirklich freizuhaben, ist genauso verlockend.

»Ich würde es gern mit dem freien Tag versuchen.«

Die Chefin seufzt. Das Seufzen klingt fast zu gut, um wahr zu sein: nicht ablehnend.

»Wenn es fair sein soll, müssten alle diesen freien Tag bekommen. Ich kann ja nicht mit dir allein einen Probelauf machen. Aber wenn wir den Versuch auf das ganze Unternehmen ausdehnen, wird das bestimmt Diskussionen geben.«

Ich zucke mit der Schulter. »Och. Die merken doch gar nicht, wenn ich am Freitag nicht auftauche.«

Die Chefin guckt skeptisch. »Das ist aber nicht fair.«

Ich seufze. »Nein. Ist es nicht. Du müsstest eigentlich allen dasselbe erlauben.«

Jetzt schnauft sie. Tief und vorwurfsvoll. Ich weiß, ich mache es schon wieder sehr ungemütlich.

»Deine Argumente sind gut«, sagt die Chefin nachdenklich. »Und ich habe die Studien und Artikel in dieser oder anderer Form selbst schon gelesen. Die Wissenschaft ist sich ja einig …«

Ich warte auf das Aber.

»Im Prinzip habe ich nichts dagegen. Durch die Coronakrise und die vielen Zeiten, die ihr im Homeoffice gearbeitet habt, weiß ich, dass ihr tolle Arbeit leistet, auch wenn ihr keine acht Stunden im Büro verbringt.«

O mein Gott. Habe ich sie etwa wirklich ins Boot geholt?! Ich habe noch tausend Argumente in der Hinterhand. Burnout-Prävention. Bessere Work-Life-Balance. Bindung zum Arbeitgeber. Und klar: Andere Unternehmen haben auch schöne Arbeitsplätze.

Die Chefin denkt noch einen Augenblick nach. Dann tippt sie mit dem Stift dreimal auf die Tischplatte. Es ist ein geheimer Code, den jeder in der Firma kennt. Sie hat sich entschieden.

»Also gut, wir machen das so. Du bekommst jetzt erst mal vier Wochen lang jeden Freitag frei. Bei voller Bezahlung. Dem Rest der Mannschaft sagen wir, dass du Überstunden abfeierst.«

Moment mal, denke ich. Ich habe tatsächlich Überstunden,

die ich abfeiern müsste. Ob ich das … Ach, nein, damit warte ich noch ein bisschen.

»Und dann schauen wir uns in einem Monat mal an, wie sich deine Arbeit hier verändert hat. Wenn du wirklich dieselbe Leistung bringst, werden wir als Nächstes allen die Möglichkeit geben, die Vier-Tage-Woche auszuprobieren.«

Ich sitze da und kann nicht glauben, was ich höre.

»Wo ist der Haken?«

Sie grinst. »Es gibt keinen.«

Ich schaue sie schräg an. Dann sagt sie mit einem Lächeln: »Auch als Chefin steht mir eine Vier-Tage-Woche zu, oder? Mein Mann und ich sind vor einem halben Jahr in unser neues Haus gezogen, aber nicht mal die Hälfte der Kisten ist ausgepackt. Das nervt mich. Und deswegen weiß ich, was du meinst. Wir wären alle viel ausgeglichener, wenn wir weniger Zeit mit unnötigem Kram verbringen würden und mehr Zeit mit dem, was uns wichtig ist.« Sie steht auf. »Aber eines muss klar sein: Kaffeepause machst du dann in deiner Freizeit!«

Ich bin so euphorisiert, dass ich am Abend den Buchclub ausfallen lasse und mich nach der Arbeit auf einen Drink mit Kathi verabrede. Tina ist in der heißen Phase der Vorbereitung auf ihren Halbmarathon in ein paar Tagen, die trinkt nur noch isotonische Getränke und knallt sich jeden Tag ein halbes Kilo Nudeln rein. Keine gute Gesellschaft für mich.

»Na? Wie läuft es bei dir und deinem Vorhaben?«, frage ich aufgekratzt, kaum dass die Happy Hour begonnen hat und wir unsere Getränke bestellt haben.

Kathi wirkt verlegen. »Gut.«

Die ist aber maulfaul. Mir fällt der Flirtratgeber ein, den sie vor einigen Monaten in den Händen gehalten hat, als wir uns zufällig in der Buchhandlung getroffen haben. Sie wird doch nicht etwa …

»Wie ist das Leben als bewusster Single?«, hake ich nach.

Sie greift zu ihrem Glas und trinkt hastig. »Super. Sehr … schön.« Dann wird sie schon wieder rot. Genau wie beim letzten Mal. »Und bei dir?«

Sie geht in die Offensive über. Immerhin hat sie den Anstand, mich nicht von oben bis unten auf verlorene Kilos abzuchecken.

»Langsam, aber beständig«, sage ich, und das ist nicht mal gelogen. Allein die Richtung, in die sich der Zeiger auf der Waage bewegt, ist die falsche. Aber darum kümmere ich mich auch noch. Bald. Irgendwann. Ich hab noch sechs Monate Zeit. Keine Panik. Ich verlasse mich da ganz auf die → **Parkinsonschen Gesetze**, die besagen, dass Arbeit sich ausdehnt, um die Zeit auszufüllen, die für ihre Fertigstellung vorgesehen ist. Wenn ich zwölf Monate zum Abnehmen von acht Kilo habe, werde ich die zwölf Monate brauchen. Habe ich nur drei, gelingt es mir in drei. Und dann gibt es ja auch noch das Edwards-Gesetz. Ihm zufolge steigt der Zeitaufwand, den man in ein Projekt investiert, umgekehrt proportional zur verbleibenden Zeit. Anders gesagt, rückt die Deadline näher, kniet man sich richtig rein. Mit Parkinson und Edward müsste ich eigentlich auf der sicheren Seite sein. Hoffe ich zumindest. Falls nicht, ist es ein klassischer Fall von → **Selbstverarsche**. Dann muss ich mir was ganz anderes überlegen.

Kathi fragt: »Machst du irgendwas Bestimmtes? Also zählst du Kalorien oder Punkte?«

Die ist aber auch ein Miststück. So nachzufragen. Wie indiskret.

»Ich esse einfach weniger. Und duuuu?« Ich klimpere mit den Wimpern. »Erzähl, wie fühlt es sich an, nicht mehr zu daten? Keine Männer mehr zu treffen? Dich voll und ganz auf dich zu konzentrieren?«

Ertappt. Kathi bekommt glühende Wangen und senkt den

Blick. »Ist gut. Ich kann endlich mal ich selbst sein«, flunkert sie mit kaum wahrnehmbarem Vibrato in der Stimme.

Wen sie wohl gerade trifft? Wäre ja interessant zu erfahren, aber das wird sie mir nicht verraten.

»Tina läuft nächsten Sonntag ihren Marathon«, wechsle ich das Thema. »Und Boris hat seine Beförderung schon durch.«

»Toll«, sagt Kathi, aber ihr Gesichtsausdruck sagt das Gegenteil. Hier sitzen wir also, wir beide, und versagen bei unseren Vorhaben auf ganzer Linie. Geteiltes Leid ist halbes Leid. Und geteilte Kosten sind halbe Kosten.

»Hast du was von Malte gehört?«, will ich wissen.

Kathi, die gerade ihr Glas angehoben hatte, verschluckt sich und fängt an zu husten.

Nein. Das kann nicht sein. Kathi und … Malte? Das wäre ja … Das wäre ja … FANTASTISCH! Wir könnten die Kosten für den Gruppenurlaub dritteln! Ob ich Tina noch irgendwie vom Halbmarathon abbringen kann? Es könnte wie ein Unfall aussehen.

NEIN. Das ist natürlich Unsinn. Ich freue mich doch für Tina, wenn sie ihren Traum verwirklicht. Und noch mehr freue ich mich für Kathi und Malte, wenn die beiden wirklich einander daten sollten. Natürlich freue ich mich auf einer rein freundschaftlichen Ebene. Ich bin ja nicht geizig. Oder missgünstig.

Um Kathi nicht zu noch mehr Flunkereien zu verleiten und auch mich selbst vom dünnen Eis wegzubefördern, reden wir fortan über meine reduzierten Stunden bei voller Bezahlung. Als der Kellner gerade eine neue Runde Drinks vor uns abstellt, schaut Kathi durch die große Glasscheibe raus auf die Straße.

»Sag mal«, murmelt sie. »Ist das da draußen nicht Arne?«

Ich drehe mich auf dem Barhocker um und erblicke vor der

Tür einen Typen, der von hinten wirklich Arne sein könnte. Statur, Größe, Haarschnitt, passt. Allerdings …

»Kann nicht sein. Der Kerl hat eine Zigarette in der Hand. Und Arne hat ja am 1. Januar aufgehört zu rauchen.«

Der rauchende Mann zieht noch einmal hastig an der Zigarette, dann wendet er sich zu einem Aschenbecher auf einem der Tische, die vor der Bar stehen. Dabei können sowohl Kathi als auch ich einen Blick auf sein Profil erhaschen.

Es gibt keinen Zweifel.

Unsere illustre Runde der Vorhabenbrecher hat sich gerade um eine dritte Person erweitert. Eventuell sogar um eine vierte, wenn mein Verdacht stimmt, dass Kathi und Malte daten.

Ich erhebe mein Glas. »Darauf sollten wir anstoßen.«

Und zum ersten Mal an diesem Abend sieht Kathi richtig erleichtert aus.

Ich wette, wir denken gerade beide dasselbe.

Übung: Was treibst du eigentlich den ganzen Tag?

Weißt du, wie viel Zeit du in der Woche worauf verwendest? Klingt bescheuert, aber tatsächlich ist es mit der Zeit wie mit dem Geld. Man gibt sie oft viel zu großzügig her und wundert sich am Ende, dass nichts mehr übrig ist.

Deswegen möchte ich dich um Folgendes bitten: Versuche doch mal, in der kommenden Woche genau festzuhalten, für welche Tätigkeit du wie viel Zeit aufbringst. Um den Überblick zu behalten, kannst du zum Beispiel diese Tabelle hier verwenden und beliebig ergänzen:

Tätigkeit in Stunden									
	Schlafen	Haushalt & Einkaufen	Arbeit	Mobilität (Arbeitsweg etc.)	Familie & Freunde	Sport & Gesundheit	Hobbys, Vereine, Wohltätiges	Zeit für dich	Sonstiges
Montag									
Dienstag									
Mittwoch									
Donnerstag									
Freitag									
Samstag									
Sonntag									

Und, was kam heraus? Vielleicht stellst auch du gerade fest, dass am Ende der Woche ziemlich wenig Zeit für dich persönlich übrig geblieben ist. Klar, wir wollen alle einen vollen Kühlschrank, eine saubere Wohnung, Geld auf dem Konto und so weiter haben. Doch Forscher haben herausgefunden,[29] dass es ernst zu nehmende gesundheitliche Folgen haben kann, wenn man keine Zeit für sich, seine Hobbys, seine sozialen Kontakte und seine Freizeitgestaltung hat.

Aber wie viel ist »genug« Zeit? Das können amerikanische Wissenschaftler sogar ganz genau sagen: zweieinhalb Stunden am Tag. Das ist die Zeit, in der Menschen täglich die Freiheit haben sollten, zu tun, wonach ihnen der Sinn steht – egal, ob es eine sportliche Betätigung oder das süße Nichtstun ist.

Wie du siehst, sind einige Felder in der Tabelle grau hinterlegt. Das sind die Stunden, in denen du tun kannst, was du willst, in denen du also Freizeit genießt (es sei denn, deine Familie ist eine Pflichtveranstaltung, dann fällt das natürlich nicht in den Bereich der Freizeit …). Rechne doch mal zusammen. Kommst du unter der Woche auf zweieinhalb Stunden täglich? Und wenn schon nicht da, hast du dann wenigstens an den Wochenenden Zeit, das zu tun, worauf du Lust hast? Falls ja: Glückwunsch! Du gehörst zu den Glücklichen, die eine gute Balance zwischen Freiheiten und Pflichten gefunden haben.

Falls du weniger als zweieinhalb Stunden am Tag zu deiner freien Verfügung hast: Wo kannst du noch Änderungen vornehmen? Findest du Möglichkeiten, dir Freizeit zu nehmen? Was wäre dafür notwendig?

Falls du mehr als zweieinhalb Stunden am Tag zu deiner freien Verfügung hast: Vorsicht! Solltest du deine freie Zeit allein vor dem Fernseher verbringen, macht dich das potenziell unglücklich. Hängst du hingegen mit Freunden ab oder gehst einem Ehrenamt nach, besteht keine Gefahr.

8

ES IST NIE ZU SPÄT, NICHTS ZU TUN

Liegen lernen, oder: Weshalb Faulheit viel besser ist als ihr Ruf

Als ich einige Tage später, am Freitag, nicht zur Arbeit gehe, sondern mich im Schlafanzug gegen neun gemütlich auf die Couch lege und an meinem Cappuccino schlürfe, fühle ich mich immer noch wie eine Gallionsfigur des modernen Arbeitskampfes. Der Hund sitzt mitten im Wohnzimmer und schaut mich mit schräg gelegtem Kopf an. Alles an ihm fragt: Was tust du hier?!

Boris betritt den Raum und wechselt einen fragenden Blick mit dem Hund. »Wie willst du deinen freien Tag nun also verbringen?«

»Ich habe nichts vor.«

Er nickt langsam. »Du könntest vielleicht die Spülmaschine ausräumen. Das habe ich vorhin nicht mehr geschafft, und jetzt muss ich los.«

Ich seufze tief und theatralisch. »Wenn ich Zeit dafür finde.« Jetzt fühle ich mich nicht mehr wie eine Heldin des Arbeitskampfes, sondern wie eine Figur aus einem Jane-Austen-Roman. Eine weibliche, die außer Sticken und Französischlernen eigentlich nichts draufhat. Vor allem aber räumt sie keine Spülmaschinen aus, denn dafür hat sie Personal.

Boris schnauft. »Saugen wäre mal wieder toll. Und der Hund muss gebürstet werden.«

Dazu sage ich lieber nichts.

»Also dann, bis heute Abend.« Boris dreht sich um und verlässt das Wohnzimmer. 30 Sekunden später ruft er durch die Wohnung: »Dürfte ich Euer Hochwohlgeboren darum bitten, später einkaufen zu gehen?«

Ich sage es nicht gern, aber das läuft wirklich in die völlig falsche Richtung. Das ist *mein* freier Tag. Den verbringe ich doch nicht damit, noch mehr von Boris' To-dos zu erledigen. Ja, spinn ich jetzt, oder was? Und dafür soll ich von Montag bis Donnerstag auf die Kaffeepausen verzichten? Ne. Sicher nicht.

»Wieso machst *du* das nicht?«

Boris kommt zurück ins Wohnzimmer. »Weil ich in der neuen Position noch mehr arbeiten muss als vorher.«

Ich zucke mit den Schultern. »Du wolltest es so.«

Er sieht mich lange an. Dann sagt er leise: »Ja.« Und geht, ohne sich zu verabschieden.

Ist mit Boris alles okay? Er wirkt ein bisschen gestresst in letzter Zeit. Bislang dachte ich, es liegt an mir, dass wir uns so wenig zu Gesicht bekommen. Aber wenn ich ehrlich bin, verbringt er schon sehr viel Zeit im Büro. Ob das unserer Beziehung so zuträglich ist, wenn er die Stunden hochfährt, während ich sie reduziere und gleichzeitig mehr für mich tue? Das muss ich im Auge behalten.

Aber nicht heute. Heute will ich mich auf meinen freien Tag konzentrieren. Das Wetter spielt schon mal mit. Es ist, sehr untypisch für Juni, grau und regnerisch, was bedeutet, dass ich überhaupt kein schlechtes Gewissen haben muss, weil ich mich nicht vor die Tür begeben werde. Höchstens eine kleine Runde um den Block, damit der Hund Pipi machen kann. Bis dahin bleibe ich im Schlafanzug, glotze Netflix und mache einen Cheatday. Und zwar vom Feinsten. Ich habe mir nämlich vorgenommen, heute alle Apps und Tracker auszuschalten, die mich ans Optimieren erinnern, und einfach nur zu tun, was ich will. Ha! So ein Cheatday ist nicht nur gut für die Seele, sondern auch wichtig für das weitere Durchhalten – nicht nur beim Abnehmen, mit dem ich ja ohnehin erst noch anfangen muss. Gut, dass ich mich schon mal in den Cheatdays übe, bevor es richtig losgeht.

Ernährungsberater wissen, dass es bei einer Diät oder Ernährungsumstellung für die Disziplin hilfreich sein kann, wenn man sich einmal in der Woche einen Cheatday gönnt. Ursprünglich wurde der Cheatday von Bodybuildern und Fitness-Enthusiasten als Strategie zur Beschleunigung des Stoffwechsels und zur Verhinderung von Gewichtsplateaus entwickelt. Man nimmt an, dass der Verzehr von mehr Kalorien als üblich den Stoffwechsel anregt und das Körpergewicht reduziert. Diese Theorie wurde bislang aber nicht wissenschaftlich bestätigt und bleibt umstritten.

Aber nicht für mich! Ich habe mich die ganze Woche auf diesen Tag gefreut. Ich habe keinen Plan und keine Vorgaben, sondern darf mich einfach mit dem süßen Nichtstun beschäftigen. Dolce far niente. Savoir-vivre. Livin' la vida loca. Herrlich.

Zum Glück ist auf Netflix gerade die neue Staffel meiner liebsten Datingserie angelaufen. Notgeile Influencer werden unter Vorgabe falscher Tatsachen ins Paradies gekarrt, weil sie angeblich an einer Partysendung teilnehmen würden.[30] Die Teilnehmenden sehen allesamt aus wie die Männer und Frauen, die sich zu den Zeiten, als es noch DSF gab, nach Mitternacht halbnackt in einem Boxring räkelten, unter Einblendung einer 0190-Nummer, die einen in fünf Minuten arm macht. Und sie haben nur eines im Sinn: ficken. Ja, ich sage das böse F-Wort. Es ist Cheatday. Und ehrlich, die Teilnehmenden sind nicht am »Liebemachen« oder »Sexhaben« interessiert. Die wollen Porno und reden von nichts anderem. Der Witz der Sendung ist, dass sie nach zwölf Stunden, in denen sich die Ersten körperlich schon recht nahe kommen, erfahren, dass sie 200 000 Dollar gewinnen können, wenn sie abstinent bleiben.

Zwei Wochen Sexverbot und dafür Kohle kassieren. Ich sag es mal so: Jeder durchschnittliche Deutsche würde das für leicht verdientes Geld und eine sehr gute Investition halten. Vermutlich hat dieses Land auch deshalb so wenig Sex,[31] weil alle darauf hoffen, dass sie für ihre Enthaltsamkeit bezahlt werden.

Bei der Sendung ist das jedenfalls anders. Die Teilnehmenden sind alle so notgeil, wie man es sich nicht ausmalen kann, und der geneigte Betrachter schaut nun also in zehn Folgen diesen Fuckboys und Fuckgirls dabei zu, wie sie versuchen, ihre Triebe zu kontrollieren. Was sie natürlich überhaupt nicht können! Die geben echt jedem Impuls nach, wie Kleinkinder. Kaum blitzt irgendwo ein Nippel, werden die Regeln gebrochen. Okay, Netflix fährt auch harte Geschütze auf, indem es nicht nur Alkohol in Strömen fließen lässt, sondern die Kandidatinnen und Kandidaten andauernd sehr körperbezogene Workshops machen lässt, angeblich, um zur Selbstreflexion und Erkenntnis anzuregen, vor allem aber, um die Zuschauenden gut zu unterhalten.

In den kommenden vier Stunden lerne ich mehr über gute Vorsätze, intrinsische und extrinsische Motivation, den Korrumpierungseffekt, kognitive Dissonanz, den → **Matthäus-**[32] und den → **Ringelmann-Effekt** als in den letzten sechs Monaten. Es ist wirklich komisch, den Leuten in der TV-Show dabei zuzusehen, wie sie sich und anderen immer wieder versichern, dass sie es »wirklich schaffen wollen«, aber kaum greift einer der Jungs zur Hantel, fangen die Mädels an zu sabbern, und sobald eines der Chicks mit schwingendem Bobbes am Pool vorbeiläuft, müssen die Männer alle schnell in selbigen reinspringen, um ihre Erektion zu verbergen.

Ja, das hat einen gewissen Unterhaltungswert.

Während ich auf dem heimischen Sofa immer wieder in mich hineinkichere, schleicht sich jedoch langsam ein komisches Gefühl ein. Da hocke ich nun in meiner ganzen Selbstgerechtigkeit und amüsiere mich über Menschen, die sich in

Sachen Sex nicht unter Kontrolle haben. Das mag für mich völlig unverständlich sein (die 200 000 Dollar wären mir so was von sicher), aber im Grunde ist es für jemand anderen ja auch nicht nachvollziehbar, wieso ich es so schwer finde, aus eigenem Antrieb sieben Gläser Wasser am Tag zu trinken. Oder? Ich stelle mir eine Sendung vor, in der sich alle Teilnehmenden an ihre individuellen guten Vorsätze halten müssen: freundlicher zu den Mitmenschen sein, weniger essen, mehr bewegen, nachhaltiger leben, nicht mehr fluchen … Was auch immer es ist, für die anderen scheint es lächerlich, aber für einen selbst ist es eine riesige Herausforderung.

Als es um die Mittagszeit an der Tür klingelt, schäme ich mich kurz, immer noch den Schlafanzug anzuhaben, und das an einem ganz normalen Werktag. Schnell wickle ich mir einen Schal um den Hals, soll der Lieferando-Mann halt denken, ich wäre krank. Ich habe mir nämlich Pizza bestellt, weil ja heute Cheatday ist.

Drei Minuten später sitze ich am Esstisch, angebettelt vom Hund, den der Geruch des gebackenen Käses schier um den Verstand bringt, und will mir ein Stück Pizza in den Mund schieben. Doch ich halte inne.

Irgendwie ist dieser Tag bislang viel weniger erfüllend, als ich dachte. Wovon erhole ich mich eigentlich? Ja, mein Alltag ist anstrengender geworden durch die vielen Aufgaben, die ich erfüllen muss. Aber wieso fühlt es sich dann nicht viel besser an? Das wollte ich doch, einen Tag lang die Seele baumeln lassen. Es gibt gerade aber nur eines, was baumelt, und das hat damit zu tun, das ich heute nicht mal einen BH angezogen habe. Warum ist das so? Warum fühlt sich das, was ich eigentlich mag (Pizza, Netflix, Sofa), heute so komisch an? Wird das jetzt so bleiben? Dürfen Tage wie dieser Freitag nur noch die Ausnahme in meinem Leben sein? Wo bleibt denn da der Genuss? Was ist ein Leben wert, in dem man nur einmal die Woche das tut, was man wirklich gern mag? Will ich echt die nächsten 40 Jahre mein Leben kontrollieren, um mir einmal wöchentlich etwas zu »gönnen«? Oder darf das Leben nicht ein großartiges, wunderbares Vergnügen sein?

Ich sitze so lange da und denke nach, bis die Pizza kalt wird und sogar der Hund das Betteln einstellt.

So habe ich mir das nicht vorgestellt.

Am nächsten Morgen klingelt der Wecker um 6 Uhr 15 – mein Kompromiss zwischen dem völlig wahnsinnigen 4 Uhr 30 und dem von mir bevorzugten 9 Uhr. Diesmal bin ich diejenige, die das Kissen wirft. Und zwar auf den Wecker. Es ist nämlich Samstag, und ich hab das verdammte Ding nicht ausgeschaltet. Ich schließe die Augen und versuche, mich wieder an den Traum zu erinnern, in dem ich eben noch geschwelgt habe. Aber sosehr ich mich auch anstrenge, ich kriege ihn einfach nicht mehr zu fassen.

Stattdessen drängen sich andere Bilder in mein Bewusstsein. Bilder von meinem zukünftigen Leben, das ich in Askese und Freudlosigkeit verbringe, überwacht von Apps, angetrieben von Schrittzählern und gepflastert mit Dankbarkeitstagebüchern. In diesem zukünftigen Leben sind meine Schubladen immer aufgeräumt und mit Plastik-Organizern sortiert. Ich habe keine Kleider mehr in meinem Schrank, die ich nicht trage. Führe meinem Körper keine Giftstoffe zu. Gehe nie mehr nach 22 Uhr ins Bett. Schaue mir keine stupiden Datingsendungen auf Netflix an und stehe jeden Tag vor dem Morgengrauen auf. Sogar am Wochenende.

In diesem Leben nutze ich jede freie Sekunde, um mich weiterzuentwickeln, meinen Geist zu fordern, meinen Körper zu formen und meine Gefühle zu verstehen. Nichts kann mir etwas anhaben, ich habe allem entsagt. Weil ich alle Stresshormone über die Zeit aus meinem Organismus verbannt habe, hat nichts auf dieser Welt mehr die Kraft, mich aufzuregen. Probleme sind zu Herausforderungen geworden, Konflikte zu Wachstumschancen. Über allem liegt ein Filter, der meine Welt weichzeichnet und meine Haut unnatürlich glatt wirken lässt. Nichts kann mir etwas anhaben, ich habe alles unter Kontrolle.

Ich rege mich nicht mehr auf über die Anzeige an der Bushaltestelle, die jwd auf dem Land von drei Minuten auf 21 umspringt. Weil ich nämlich überhaupt keine Zeit mehr habe, so weit mit dem Bus zu fahren. Ich gehe nicht mehr in Bars oder Kneipen, was soll ich da? Leitungswasser bekomme ich zu Hause günstiger, und anderen Leuten beim Saufen zuzuschauen war noch nie erquickend. Außerdem ist es schlecht für den Teint, spät ins Bett zu gehen, und die 6 Uhr 15 tun am nächsten Morgen gleich vierfach weh. Im schlimmsten Fall stellt der Barmann irgendwann noch ein Schälchen mit einer viel zu salzigen und fettigen Nussmischung auf den Tisch und meine Konsequenz damit auf eine harte Probe.

Und an allem ist mein spektakulärer Prokrastinationstrick schuld, den ich mir unbedingt schützen lassen sollte. Ich wollte mich verändern, habe es nicht aus eigener Kraft geschafft und, anstatt mich zu kasteien, mein faules Gehirn benutzt, um mich doch in Gang zu setzen. Mit Verlaub: Das ist genial! Im Vorbeigehen all die Dinge erledigen, die schon viel zu lange auf der Liste stehen, und dabei noch nicht mal leiden.

Ich habe mir einen Tag, an dem ich nun wirklich einmal gar nichts mache, also redlich verdient. Wer so fleißig ist wie ich, der muss auch mal Pause machen.

Aber kann ich das überhaupt noch? Nichts tun? Die Seele baumeln lassen? Dolce far niente? Ich habe mich mit meiner Prokrastinationsmethode in ein dermaßen fleißiges Bienchen verwandelt, dass ich befürchte, meinen Cheatday gar nicht richtig genießen zu können. Habe ich mich möglicherweise so weit verändert, dass ich gar nicht mehr ich selbst bin? Die gemütliche, entspannte Lea? Mag ich dieses neue, tüchtige Ich eigentlich? Und mögen es die anderen? Mein Umfeld, meine Freunde? Oder mochten die die faule Lea lieber?

Ein Schnaufen reißt mich aus den Überlegungen. »Du denkst so laut, ich kann nicht schlafen!«, grunzt Boris ins Kissen. »Tu mir einen Gefallen, steh auf, schreib irgendwelche Listen, schneid bunte Bilder aus Frauenzeitschriften aus und pendel eine Runde mit Heilsteinen. Aber verschwend nicht *meine* Schlafzeit mit deinen gedanklichen Ausdünstungen. Es ist Wochenende, Herrgott.«

Ich krieche aus dem Bett und schleiche aus dem Schlafzimmer. Jetzt hält es nicht mal mehr Boris mit mir aus.

Zehn Minuten später sitze ich mit einer Tasse Cappuccino auf dem Sofa und schaue hinaus in den grauen Himmel. Ich frage mich, warum sich das optimierte Leben so unglaublich schwer anfühlt. Sollte es nicht Leichtigkeit und Freude in meinen Alltag bringen? Wann habe ich mich das letzte Mal wirklich gut gefühlt? Was brauche ich eigentlich dazu? Es ist doch im Grunde ganz einfach: ein Haufen netter Leute, ein riesiger Topf Spaghetti mit vegetarischer Bolognese und viel Parmesan. Sehr viel Parmesan, denn mit Parmesan wird fast alles im Leben besser.

Der Hund schiebt sich durch den Türspalt in den Raum und stellt sich vors Sofa. Er öffnet das Maul, gähnt beherzt und macht dann Anstalten, zu mir hochzukommen. Als er es im dritten Anlauf endlich geschafft hat, kringelt er sich neben mir zu einer Hundezimtschnecke zusammen und seufzt tief. Meine Hand streicht über sein weiches Fell. Sofort bilde ich mir ein, dass es mir besser geht. Beim Kuscheln, egal ob mit Menschen oder Tieren, wird das Hormon Oxytocin ausgeschüttet, das für Wohlbefinden und Verbundenheit sorgt.

Vielleicht sollte ich nicht versuchen, ein besserer, gesünderer und energetischerer Mensch zu werden, sondern einfach eine Hundepension eröffnen. Das würde doch sehr viele Probleme in meinem Leben lösen.

Mein Blick wandert durch das Wohnzimmer. Das übliche Chaos ist in den vergangenen Wochen der Ordnung gewichen. Es liegen immer noch ein paar Zeitschriften herum, aber nur noch die, die ich drapiert habe. Auf dem Esstisch steht ein Blumenstrauß. Die Fenster sind geputzt. Und trotzdem sieht es leer hier drinnen aus. Gar nicht so, als ob hier echte Leute leben würden. Vor allem nicht so, als ob sich echte Leute hier wohlfühlen könnten.

Ich tue es jedenfalls nicht. Und Boris anscheinend auch gerade nicht.

Mir fehlen die Popcornkrümel zwischen den Sofapolstern. Die Berge von Klamotten über dem Badewannenrand. Und sogar die viel zu spät abgegebene Steuererklärung. Die Werbeprospekte, die immer einen Stuhl in der Küche belegen. Das Spielzeug vom Hund, auf das man nachts im Dunkeln auf dem Weg zum Badezimmer latscht und das sich unangenehm in die eigene Fußsohle bohrt. Mir fehlt die unaufgeräumte Küche, in die ich am Morgen nach einem feuchtfröhlichen Abend mit unseren Freunden komme, mir fehlt, wie ich fluche, weil wir die Spülmaschine nicht mehr haben laufen lassen, weil die Bolo in den Tellern angetrocknet ist, weil drei geöffnete, halb volle Weinflaschen herumstehen. Mir fehlt das Leben. Mir fehlen Begegnungen. Menschen. Gefühle. Lautes, kreischendes Lachen und Arne, der sich ganz weit aus dem Küchenfenster lehnt, um hastig eine Zigarette zu rauchen. Mir fehlt Tina, die mit einer Tüte Franzbrötchen in der Hand überraschend vor der Tür steht und sich selbst zum Frühstück einlädt.

Mein Handy vibriert, und ich werfe einen Blick auf das Display. Eine Nachricht von Tina. Wieso ist die denn schon wach?

Es ist Samstagmorgen, gerade mal halb acht durch. Tina hat das Foto einer Brötchentüte geschickt, darunter steht: *Passt das in deinen Ernährungsplan? Stehe vor der Haustür.*

»Du wirst mir immer unheimlicher.« Ich flüstere, um Boris nicht zu wecken.

Tina umarmt mich kurz und streift die Joggingschuhe ab. Sie war also trainieren. An einem Samstag im Morgengrauen, eine Woche vor ihrem großen Lauf.

»Ich wollte dich überraschen. Wir haben uns ja eine Weile nicht mehr gesehen. Wie geht es dir?«

Ich lotse sie in die Küche, wo sie sich auf einen Stuhl am Tisch fallen lässt und ich das Frühstück vorbereite. Während ich die Lebensmittel aus dem Kühlschrank hole und auf den Tisch stelle, überlege ich mir eine Antwort auf Tinas Frage. Wie geht es mir? Na ja. Ich fühle mich sehr … gereinigt. Und auch ganz schön fade. Wie nach so einer Fastenkur. Auch wenn ich noch nie eine Fastenkur gemacht habe, aber so stelle ich es mir in etwa vor.

Erschöpft lasse ich mich auf einen der Stühle sinken. »Also, wenn ich ehrlich bin … Ich weiß gar nicht mehr so genau, warum ich mich eigentlich ändern wollte.«

Tina schweigt und schmunzelt. Ich kenne die Strategie. Psychologen und Verhörspezialisten wenden sie an, weil das Schweigen den meisten Menschen so unangenehm ist, dass sie die Stille mit eigenem Gesabbel füllen wollen. Bei mir klappt das auf jeden Fall sehr gut, bei mir müsste niemand die Daumenschrauben anlegen oder mir Schmerzen androhen, ich quassle auch drauflos, wenn sich schon Stille ausbreitet.

»Irgendwie dachte ich, ich wäre glücklicher, wenn ich auf Alkohol, Netflix und unnötige Autofahrten zum Briefkasten verzichten würde. Aber ich fühle mich nicht besser. Ich fühle mich gestresster.«

Tina nickt, greift zur Brötchentüte und legt mir ein Franzbrötchen auf den Teller. Ein echtes, richtiges Franzbrötchen, triefend von Fett und Zucker. Mein Gehirn stimmt einen Jubelgesang an, in meinem Mund werden alle Speicheldrüsen gleichzeitig aktiv.

Ich will schon gierig nach der Leckerei greifen, da erinnere ich mich wieder an das, worüber wir gerade gesprochen haben.

»Wie viel Selbstoptimierung kann man überhaupt verkraften? Warum das alles eigentlich? Wieso kann man nicht unperfekt und zufrieden bleiben, statt die ganze Zeit dieser angeblichen Selbsterfüllung hinterherzurennen?«

Tina seufzt, schenkt sich Orangensaft ein und beißt dann in eine Laugenstange, die sie dick mit Butter bestrichen hat. »Aber das kann man doch. Es ist deine Entscheidung.«

»Das sagt sich so leicht. Ich fühle mich ja ständig unter Druck gesetzt, mich verändern zu müssen, um dünner zu sein, mein Leben bis auf den letzten Tropfen auszupressen, einen *Purpose* zu finden.« Das Wort habe ich in aller Verachtung ausgesprochen, die ich aufbringen konnte. »Was, wenn mein Purpose ist, zu chillen?«

Tina legt den Kopf schief. »Dann wäre das total okay.« Sie seufzt. »Ich weiß nicht, wie es dir geht, aber ich denke manchmal schon, dass wir in einer gar nicht so einfachen Welt leben.«

Das ist die Untertreibung des Jahrhunderts.

»Wir müssen aus uns etwas machen, sollen selbstbestimmt und reflektiert sein, mindestens 100 Jahre alt werden, auf eigenen Beinen stehen, tiefe Beziehungen führen, einen Fußabdruck hinterlassen …«

»Nur bitte keinen ökologischen«, werfe ich ein.

»Genau! Wir sollen uns politisch interessieren, uns engagieren, sollen Work and Life in die richtige Balance bringen, müssen aber gleichzeitig Karriere machen, unsere Werte finden und leben und in Summe einfach die bestmögliche Version unserer selbst sein.«

Ich schüttle mich. »Dieser Ausdruck. Beste Version meiner selbst. Wie kann man das auf Dauer durchhalten? Wenn man nie unfair sein soll, nie egoistisch, nie gemein, nie unfreundlich und vor allem nie faul?«

Tina beugt sich vor, legt mir eine Hand auf den Arm. »Siehst du? Das geht gar nicht. Darüber hinaus liegen alle Attribute, die wir haben, im Auge des Betrachters.«

Ich heuchle Verständnis, lenke mich aber mit einem großen Bissen ins Franzbrötchen ab, schließe die Augen und genieße, wie das Dopamin in meinen Synapsen knallt. Scheiße, ist das gut.

»Nimm mal die Sache mit dem Egoismus. Was der eine für Egoismus hält, würde der andere als gesunde Selbstliebe bezeichnen. Oder die Faulheit, die du ansprichst. Weißt du eigentlich, wie viele Menschen nonstop in ihrem Hamsterrad rödeln und sich wünschten, sie hätten die innere Ruhe, um überhaupt mal eine Stunde auf dem Sofa zu sitzen und nichts zu tun? Ich sag es dir, die beneiden dich! Also, dein altes, faules Ich.« Tina grinst.

Ich muss so laut lachen, dass ich beinahe das Franzbrötchen wieder ausspucke. »Quatsch.«

»Na klar! Wir rennen doch die ganze Zeit und haben verlernt, Pausen zu machen. Was meinst du denn, warum Achtsamkeitsseminare und Meditation und der ganze Kladderadatsch so in Mode sind? Weil kaum einer von uns noch chillen kann. Weil es überhaupt die allerwenigsten Menschen mehr als 15 Minuten mit sich allein in Stille aushalten. Eigentlich müssten wir uns alle ein Beispiel an der alten Lea nehmen.«

Ich lasse den Gedanken in meinem Kopf hin und her wandern wie einen Schluck guten Rotwein. »Das ist eine sehr interessante Ansicht. Darüber habe ich noch gar nicht nachgedacht.«

Und plötzlich kommt mir die Perspektive, mit der Blumenthal-Methode in die Welt rauszugehen, auch gar nicht mehr so komisch vor. Allerdings würde ich sie gern modifizieren. Ziel soll nicht sein, die Prokrastination aktiv zu nutzen – Ziel soll sein, nur noch die Dinge zu tun, die einem Freude bereiten und wichtig sind. Na ja, gut, solange sie einen nicht umbringen oder anderen Menschen schaden. So in etwa.

»Weißt du, Lea, gerade wir Deutschen haben ja so eine Schwäche für die Disziplin. Vielleicht hängt es mit dem christlichen Glauben zusammen, vielleicht ist es unser Nazierbe. Aber wann immer wir meinen, irgendwas effizienter machen zu können oder zu optimieren, sind wir sofort am Start. Unser Smart-Home-System schreibt Einkaufslisten und bestellt die fehlenden Lebensmittel im Kühlschrank automatisch im Supermarkt. Wir hören auf dem Arbeitsweg Nachrichtenpodcasts und sparen uns damit die halbe Stunde Zeitunglesen am Morgen. Sprachen lernen wir nicht mehr im Ausland, sondern mit einer App. Schon jetzt lassen wir Bilder und Texte von künstlicher Intelligenz generieren, um noch produktiver zu werden. Der Witz aber ist, die frei gewordene Zeit nutzen wir nicht etwa, um uns dem Müßiggang hinzugeben, ein Projekt zu starten, das uns wichtig ist, oder einfach mit den Leuten abzuhängen, die wir mögen. Nein, wir nutzen die Zeit, um noch *mehr* zu arbeiten oder zu optimieren. Im Grunde sind wir wie fleischgewordene Defragmentierungsprogramme auf dem Rechner, die ununterbrochen Daten verschieben und Speicherplatz freiräumen, um noch mehr Zeit für noch mehr Defragmentierung zu haben.«

Tina hat sich richtig in Rage geredet. Sie schwingt die Laugenstange wie einen Dirigierstab in der Luft und zeigt manchmal damit beim Reden auf mich, um ihren Punkt zu verdeutlichen. Müsste sie aber gar nicht. Ich hänge gebannt an ihren Lippen, selbst das Franzbrötchen muss sich noch gedulden.

»Aber es heißt doch immer, Müßiggang sei aller Laster Anfang«, gebe ich zu bedenken. »Trägheit ist sogar eine Todsünde!«

Tina nickt entschieden. »Ja, und den Quatsch hat uns die Kirche eingebrockt. Jahrhundertelang wurde den Leuten gesagt, erst die Arbeit, dann lange, lange nichts, dann Gott und dann die Familie. Das Konzept des Ichs mit Bedürfnissen und Wünschen, das gab es doch gar nicht. Man weiß mittlerweile aber, dass es für den modernen Menschen sogar ausgesprochen wichtig ist, sich regelmäßig im Nichtstun zu üben.«[33]

»Ach, das gilt doch nur für so Workaholics.«

»Nein. Das gilt für jeden von uns. Weißt du, was das Wort Müßiggang bedeutet? Das Aufsuchen von Muße. Und Muße ist gut. Muße beflügelt uns, inspiriert uns, stellt eine Zäsur im alltäglichen Hamsterrad dar. Das war übrigens schon bei den Griechen so, vor allem bei Platon. Der war ein richtiger Fan von Langeweile. Weißt du, was die Griechen glaubten? Dass Lebenskünstler, die mit Muße, das Gegenteil vom Sklaven sind, der immer arbeiten muss.«

Ich blinzle verwundert. Das sind ja völlig neue Ansichten.

Und wieso kommt sie erst jetzt damit um die Ecke? Ein bisschen früher hätte sie damit schon rausrücken können, nachdem ich mich so hart an meinen Vorsätzen abgearbeitet habe.

»Erst mit dem Christentum wurde der Müßiggang zur Sünde erklärt. Vor allem die Protestanten, die Arbeit und Pflichterfüllung als höchstes Gut betrachteten, während die Katholiken die freie Zeit nur Gott widmen sollten.« Tina schüttelt den Kopf und greift wieder in die Brötchentüte. »Weißt du eigentlich, wie viele Menschen in Deutschland mittlerweile unter Stress leiden? Jeder Vierte. Zieh dir das mal rein, jeder

Vierte, von 80 Millionen Menschen! Und dieser Stress hat es richtig in sich. Erschöpfungszustände, Schlafstörungen, Kopfschmerzen, Depressionen – die Liste ist unendlich. Krass ist, dass das Niveau ständig steigt. Trotz der Achtsamkeitsseminare.«[34]

Schweigend knabbere ich an meinem Franzbrötchen. Die Gedanken wirbeln in meinem Kopf. Im Prinzip habe ich in meinem alten, lasterhaften Leben also vieles richtig gemacht. Okay, ich habe zu wenig Wasser getrunken und generell zu viele Kalorien in mich reingestopft. Aber davon mal abgesehen, war ich doch ziemlich entspannt. Wohingegen ich jetzt alle naselang von einem Bimmeln oder Klingeln daran erinnert werde, dass ich irgendetwas *tun* soll. Dabei sagt mir Tina gerade, dass Nichtstun gesund ist. Kann das sein? Ich frage sicherheitshalber noch mal nach.

»Also«, sagt sie entschieden und atmet tief ein und aus. »Faulsein ist, ich sagte es bereits, eine Frage der Perspektive. Vor allem aber ist es gut für den Blutdruck, weil wir uns aktuell keine Erholungsphasen mehr gönnen, sondern von einem Termin zum nächsten jagen, uns von einem Urlaub oder Wochenende zum nächsten hangeln. Mittlerweile weiß man sogar, dass sich das Herzinfarktrisiko um die Hälfte reduziert, wenn man zweimal die Woche einen Mittagsschlaf macht.«[35]

»Was?« Ich falle fast vom Stuhl. Ich habe in der Vergangenheit Gesundheitsprophylaxe betrieben, ohne es zu *wissen?!* Warum, in drei Teufels Namen, habe ich damit aufgehört und mich stattdessen für ein Leben entschieden, in dem ich vor lauter Selbstoptimierungsstress am Abend wie ein Stein ins Bett falle?

Tina nickt. »O ja. Faulsein oder ein kurzes Nickerchen erhöhen außerdem die Konzentration und heben die Stimmung. Das wurde in einigen Studien nachgewiesen.«[36]

Das muss ich meiner Chefin erzählen. Was sie wohl dazu

sagt, wenn ich nach der 100:80:100-Lösung auch noch Bettsofas im Konferenzraum vorschlage?

»Das ist aber längst nicht alles«, fährt Tina fort. »Faulsein fördert die Kreativität, nachweislich. Stell dir vor, an der University of California hat man Studienteilnehmenden eine langweilige Aufgabe gestellt, danach waren sie um 40 Prozent kreativer.«[37]

Langsam lasse ich das halb aufgegessene Franzbrötchen sinken. »Tina, was erzählst du denn da? Weiß das noch jemand außer dir, oder ist das so eine Art Geheimwissen?« Ich senke dir Stimme. »Musst du mich töten, wenn ich es irgendjemandem verrate?«

Sie fängt laut an zu lachen. »Nein, muss ich nicht. Das kann man überall im Internet finden, in der Fachliteratur, in Zeitschriften, Büchern … Dieses Wissen ist leicht zugänglich.«

»Aber warum sind wir dann nicht viel, viel fauler? Warum chillen wir nicht mehr, um unseren Kopf wieder auf Vordermann zu bringen, und versuchen stattdessen, so effizient und leistungsstark wie möglich zu sein?«

Tina sieht mich forschend an. »Warum fahren wir noch Verbrennermotoren, wenn wir doch wissen, dass die Ressourcen begrenzt sind und der Planet am Abgrund steht? Wieso essen wir Fleisch, wenn wir die Haltungsbedingungen von Tieren kennen? Warum …«

Ich hebe die Hand. »Okay. Verstanden. Ziehe die Frage zurück.« Dann beuge ich mich vor. »Das ist ja der Hammer!«

Tina grinst. »Du wirst es nicht glauben, aber so ein Faulenzertag macht uns sogar leistungsstärker und motivierter.«

»Du meinst, wie der Cheatday? Weil der Stoffwechsel damit wieder in Schwung kommt?«

Sie denkt kurz nach. »Ja, genau. Sag mal, wir haben noch gar nicht über deine Diät gesprochen, wie läuft es denn da?«

Wie kann sie denn jetzt damit anfangen? Ich wedele ungeduldig mit der Hand. »Später. Erzähl mir mehr vom Faulenzertag!«

»Er ist deswegen so sinnvoll, weil man sich danach, auch weil man weniger Zeit hat, auf das konzentriert, was wichtig ist, und nicht im Klein-Klein verliert.« Sie zuckt mit den Schultern. »Ich bin so ein Fan des → **Paretoprinzips.**«

Was ist denn das nun wieder? Ich frage nach.

»Das 80–20-Prinzip. 80 Prozent der Ergebnisse resultieren aus 20 Prozent der Ursachen. Oder auch: Bei einer Aufgabe erledigst du in 20 Prozent der Zeit 80 Prozent der Arbeit. Danach verwendest du die restlichen 80 Prozent der Zeit für die übrigen 20 Prozent der Aufgabe.«

Ich brabbele mit vollem Mund: »Iff verfwemde affig Profent der Feit für fanfig Profent der Aufgabe???«

»Bestimmt. Wie fast alle.«

O. Mein. Gott. Meine Chefin und ich haben so viel zu besprechen. Sie wird mich entweder befördern oder rausschmeißen.

»Wenn man sich das mal bewusst macht, wie oft wir unsere Energie einfach für Nonsens verschleudern …« Tina schüttelt langsam den Kopf. »Bist du schon mal den 120-Prozent-Menschen begegnet?«

Ich nicke. »Ja. Die sagen, sie geben immer 120 Prozent. Ich kenn mich nicht gut aus in Mathe, aber geht das eigentlich?«

Tina lacht. »Nein. Und doof ist es noch dazu. Viel besser wäre es, nicht ständig überzuperformen, sondern das zu tun, was nötig ist. Reicht in der Regel auch völlig aus. Und mit der restlichen Zeit kann man dann in die wirklich wichtigen Dinge investieren.«

Ich vermute mal, dass sie damit keine Trink-Apps meint.

»Zum Beispiel Tagträume.«

Mir fällt fast der Bissen aus dem Mund. »Waaaaas?«

»Tagträume sind wirklich ideal, um im Oberstübchen für

Ordnung zu sorgen, die Fantasie anzuregen und das reizunabhängige Denken zu üben. Das steigert nachweislich das Wohlbefinden und die innere Harmonie. Im Tagtraum entwickelst du Ideen, verarbeitest aber auch Vergangenes. Und zwar ganz ohne die Logik, weil die Denkzentrale hier vorn«, sie tippt sich gegen die Stirn, »im Tagtraum nämlich ausgeschaltet ist.«

Ich fasse es nicht. Ich bin ein Wunder! Tagträumen ist doch meine Spezialität, meine Paradedisziplin. Kaum etwas kann ich besser. Kaum etwas tue ich lieber. Ich könnte Kurse im Tagträumen anbieten, Seminare leiten, eine Akademie gründen. Nein, das ist alles viel zu anstrengend. Viel lieber möchte ich nur irgendwo rumliegen und vor mich hin träumen.

»Das größte Problem ist, dass die meisten es gar nicht schaffen, eine Pause zu machen – vom Tagträumen mal ganz abgesehen. Einerseits wegen FOMO, der Angst, etwas zu verpassen. Andererseits, weil sie es verlernt haben. Schlicht und ergreifend. Wir sind so darauf gepolt, immer irgendetwas zu machen.« Tina schnauft. »Hier sitze ich und quatsche über Entspannung. Dabei renn ich meinen Problemen doch auch nur davon.«

Ups. Das Gespräch hat eine unerwartete Wendung genommen. »Du hast Probleme?« Ich bin versucht, das *Du* unnatürlich zu betonen, kann mich aber zurückhalten.

Sie lächelt kaum merklich. »Riesenstreit mit Arne. Ich glaube, er lügt mich an, wegen dem Rauchen.« Tina verbirgt das Gesicht in den Händen. »Er sagt, er hat aufgehört. Aber da stimmt was nicht. Er riecht nach Nikotin, ist unruhig, motzig. Und weißt du was, eigentlich wäre es mir egal. Es ist seine Gesundheit, sein Leben. Aber er leidet selbst so fürchterlich darunter, dass er die Sucht nicht bekämpfen kann, deswegen hängt bei uns seit Monaten der Haussegen schief.«

Zwei Probleme. Erstens, das wäre der ideale Moment, Tina zu sagen, dass ich Arne auch schon habe rauchen sehen. Aber dann hau ich Arne in die Pfanne. Oder halt Tina. Schwierig. Zweitens, es wäre ein geradezu perfekter Moment, Tina zu sagen, dass mein Diätvorhaben auch in unerreichbare Ferne gerückt ist und ich nicht athletisch genug bin, um hinterherzukriechen.

Ach, was soll's. Man soll die Feste feiern, wie sie fallen.

»Du hast recht. Vor Kurzem hab ich Arne zufällig gesehen. Ich war mit Kathi in einer Bar, und er stand davor, und …«

Tina seufzt lang und gequält. »Und hat geraucht.«

»Ich fühle mich fürchterlich, weil ich ihn verpfeife«, gebe ich zu.

Sie winkt ab. »Ich wusste es doch im Prinzip schon. Und wie gesagt, von mir aus soll er lieber weiterrauchen und zufrieden sein, statt es vor mir zu verheimlichen und diese Kacklaune zu haben.«

»Ja, aber willst du denn nicht, dass er aufhört?«

Sie blickt mich lange an. »Es gibt ein einfaches Prinzip, nach dem ich lebe: Love it, change it or leave it. Da ich Arne nicht verlassen will und ihn auch nicht ändern kann, arrangiere ich mich eben.« Sie zuckt mit den Schultern.

Also, wenn Tina gerade so einen Großmut zeigt, kann ich mich vielleicht dranhängen.

»Ich mache gar keine Diät«, platzt es in diesem Moment aus mir heraus. »Ich mache tausend andere Dinge statt der Diät. Weil ich nämlich meine Prokrastination nutze, um Dinge von meiner To-do-Liste zu streichen. Anders komm ich nicht in Gang. Und das Abnehmen, davor hab ich so einen Horror, dass ich lieber alles andere mache, sogar Dinge, die mir unangenehm sind. Entschuldige, dass ich dich angelogen habe.«

Tina blickt mich an. Dann legt sie den Kopf in den Nacken und lacht so laut, wie ich sie noch nie habe lachen hören.

Übung:
Faulsein will gelernt sein

Jetzt bist du dran. Wie sieht dein perfekter Faulenzertag aus? Schreibe auf, was du an diesem Tag gern unternehmen würdest. Vielleicht möchtest du auch gar nichts unternehmen? Hervorragend! Es geht darum, den Müßiggang zu zelebrieren, also komm bloß nicht auf die Idee, irgendetwas zu tun, was mit Arbeit, Haushalt oder Verpflichtungen zu tun hat. Okay, wenn du einen Hund oder Kinder hast, musst du die vielleicht wegorganisieren, bevor du loslegst. Möglicherweise tragen sie zu deinem Wohlbefinden ja aber auch bei?

Mach dir bewusst, dass dieser Tag deiner Entschleunigung und Entspannung gewidmet ist. Nichts und niemand soll und darf dich stressen. Wenn du also nur im Bett liegen und lesen willst, dann tust du das. Und wenn es dich an den Herd zieht, weil du kochen liebst und es dich entspannt – go for it. Am besten wäre so ein Tag, wenn du das Handy weglegst oder ausschaltest und dich einfach mal treiben lässt, ohne Uhrzeiten oder Termindruck.

Falls dir ein ganzer Tag für den Anfang zu heftig ist, empfehle ich dir, es mit einem Vor- oder Nachmittag zu versuchen und dich dann langsam zu steigern. Übung macht den Meister.

9
HEUTE NICHTS ERLEBT. AUCH SCHÖN

Ich war mal motiviert, aber jetzt habe ich das wieder im Griff

Und? Wie ist es in der Hängematte?«

Mit der Hand schirme ich meine Augen vor der Sonne ab. Boris und ich haben gestern beschlossen, uns einen Faulenzertag zu gönnen. Das Wetter ist herrlich, 25 Grad bei strahlendem Sonnenschein, die Vöglein zwitschern, und endlich benutzen wir mal unseren Balkon. Zugegeben, die Blumentöpfe mit der eingetrockneten Erde und den verdorrten Pflanzen darin sind nun kein besonders schöner Anblick, aber als wir uns gestern Nachmittag zu diesem Tag des Müßiggangs entschieden, hatte naturgemäß keiner mehr Bock, in den Baumarkt zu fahren und anschließend die Pflanzen umzutopfen. Davon mal abgesehen ist es das erklärte Ziel des Tages, die Augen die meiste Zeit geschlossen zu halten. Die Arbeit wäre also völlig umsonst, und seitdem ich weiß, dass ich in 80 Prozent der Zeit 20 Prozent der Arbeit erledige, hab ich noch viel weniger Bock darauf, mich mit Unsinn zu beschäftigen. Stattdessen lautet mein Motto des Tages: *Augen zu und chill!*

»Unglaublich, wie lange mir der Tag vorkommt, wenn man nichts macht«, murmelt Boris, der es sich auf einer Sonnenliege gemütlich gemacht hat und mit der herabhängenden Hand den Hund streichelt. Der hat sich aus lauter Glückseligkeit, dass wir den ganzen Tag mit ihm verbringen, statt durch die Wohnung zu wirbeln und Ungemütlichkeit zu verbreiten oder ihn auf irgendeinen Ausflug zu schleppen, in die Position des Brathähnchens gelegt: auf den Rücken, die Hinterbeine gespreizt wie besagter Broiler, die Vorderpfoten angewinkelt in die Luft gereckt, Kopf zur Seite, Zunge raus. Was die ultimative Chillung angeht, können wir noch viel von ihm lernen.

Ich lächle in Boris' Richtung. »Weißt du, wie Harald Juhnke angeblich mal das Glück definiert hat? Keine Termine und leicht einen sitzen.«

Boris kichert in sich hinein. »Ist schon Zeit für einen Drink?«

»Ich habe keine Ahnung, wie spät es ist.«

»Und ich habe keine Lust aufzustehen«, seufzt Boris zufrieden. »Warum machen wir das nicht viel öfter?«

Ich richte mich auf, was in der Hängematte gar nicht so leicht ist. »Zum einen, weil es nur etwa fünf Tage im Jahr gibt, an denen es auf dem Balkon nicht zu heiß oder zu kalt ist. Zum anderen, weil so ein schöner Sommertag ja auch auf das Wochenende oder den Urlaub fallen muss, damit wir ihn ausnutzen können.«

»Den Tag ausnutzen«, merkt Boris an. »Blöder Ausdruck in dem Zusammenhang.«

»Stimmt.« Ich lasse mich wieder in die Hängematte sinken und stoße mich mit der großen Zehe von der Wand ab. Die Hängematte baumelt leicht. Es ist das schönste Gefühl auf Erden.

»Aber du hast recht. Wir haben wirklich viel zu wenig Zeit für solche Faulenzertage.« Er denkt kurz nach. »Also ich. Du hast ja einen freien Tag mehr in der Woche.«

Ich lächle in mich hinein. Ehrlich gesagt ist die Vier-Tage-Woche das Beste an diesem Jahr bislang. Stand nicht auf meinem Vorsätzezettel, macht mich aber umso glücklicher.

Ich spüre Boris' Blick auf mir.

»Ich muss ehrlich sagen, ich beneide dich darum.«

»Du? Beneidest *mich?*«

»Ja. Mein Job war ja vorher schon stressig. Seitdem ich aber die Beförderung bekommen habe …« Er verstummt, doch es ist ein Schweigen, in dem sehr viele Worte drinstecken, die er nicht sagt.

»Warum war dir die Beförderung denn wichtig?«, hake ich nach.

»Ich weiß es nicht so genau«, gibt er zu. »Ich dachte, ich muss mich weiterentwickeln. Mehr Verantwortung, mehr Gehalt. Langsam kapiere ich aber, dass dieses Mehr einen Preis hat. Ich bekomme zwar mehr Geld, habe aber viel weniger Zeit und ständig Dinge im Kopf, die ich noch erledigen muss. Ich weiß gar nicht, wofür ich das Geld ausgeben soll.«

»Oh, da kann ich dir helfen.«

»Danke. Sehr liebenswürdig.«

»Hast du schon mal davon gehört, dass es eine Einkommensschwelle gibt, ab der man nicht mehr glücklicher wird, egal, wie viel man verdient?«

»Ne. Aber die habe ich wohl noch lange nicht erreicht.«

Ich rapple mich vollends aus der Hängematte hoch und schaue Boris an. »Doch. Hast du. 81 000 Euro brutto.«

Er öffnet den Mund, sagt aber nichts.

»Es gibt eine Studie aus dem Jahr 2018, an der 1,7 Millionen Menschen aus 164 Ländern teilgenommen haben«, doziere ich weiter. »Die Wissenschaftler haben untersucht, wie hoch das Einkommen der Untersuchten sein muss, damit sie die höchste Lebenszufriedenheit und das beste emotionale Wohlbefinden empfinden, also sowohl kurz- als auch langfristig zufrieden sind. Der gemittelte Wert für Westeuropa liegt bei 81 000 Euro.«[38]

»Und danach wird man nicht mehr glücklicher?«, fragt Boris fassungslos.

»Laut Studie nicht. Und wenn ich mir so angucke, wie zufrieden du seit deiner Beförderung wirkst …«

»Fuck«, sagt Boris langsam. »Warum wollen wir dann überhaupt befördert werden? In größeren Wohnung leben, dickere Autos fahren, geilere Urlaube machen? Eigentlich reicht doch ein Balkon in der Sonne und ein Tag ohne Termine.«

Ich zucke mit den Schultern. »Das ist das Prinzip des Kapitalismus. Mehr, mehr, mehr. Höher, schneller, weiter. So funktioniert die Welt.«

Boris schweigt. Lange. Dann sagt er: »Ich glaube, ich will das gar nicht. Mich immer anstrengen müssen, immer am Limit sein. Wenn ich mir vorstelle, ich würde wie du nur vier Tage arbeiten, hätte jede Woche ein verlängertes Wochenende … Dann könnte ich die freien Tage auch mal richtig genießen und müsste mich nicht von der Woche erholen.«

»Du hättest vermutlich weniger Verantwortung«, gebe ich zu bedenken.

Nun ist es Boris, der mit den Schultern zuckt. »Und als Sahnehäubchen obendrauf mehr Wohlbefinden. Klingt nach einem guten Deal.«

Wir schweigen wieder, lauschen dem Gesang der Vögel und dem Wind, der in den Blättern des Baumes vor dem Haus rauscht.

»Das Problem ist, dass ich jetzt diese bessere Position habe. Die kann ich nicht einfach so wieder zurückgeben«, murmelt Boris irgendwann.

»Warum nicht?«

Verdutzt schaut er mich an. »Weil … das keiner macht.«

»Na ja, wenn du es machst, dann ist es immerhin schon mal einer.«

Er nagt an seiner Unterlippe. »Darüber muss ich nachdenken.«

»Sieh es mal so. Du wurdest jetzt zum Kapitän einer Fußballmannschaft befördert, stellst aber fest, dass dir dein Sport damit weniger Spaß macht. Mehr Verantwortung, mehr Gespräche, mehr Interviews nach dem Spiel … Und den wichtigsten Elfmeter musst du auch schießen.«

Boris verzieht das Gesicht. »Ich finde es sehr befremdlich, wenn du mit Fußballmetaphern sprichst.«

»Ach, jetzt sei doch nicht so!«

»Ich verstehe dich doch. Und irgendwie fühlt sich die Vorstellung gar nicht so schlecht an, die Kapitänsbinde wieder zurückzugeben, um mal in deinem komischen Bild zu bleiben. Eher … befreiend.«

Ich stehe auf, setze mich neben Boris auf die Sonnenliege, die etwas unter unser beider Gewicht ächzt, und lege ihm die Hand auf den Arm.

»Weißt du was? Auch wenn sich so ein Tag wie heute sehr langsam anfühlt, so wahnsinnig viel Zeit haben wir gar nicht auf dieser Erde. 80 Jahre können ziemlich schnell vorbei sein. Und ich habe keine Lust, mir alles, was gut sein soll, für die Rente aufzuheben. Oder ein nicht näher definiertes Später. Reisen, genießen, ein Instrument lernen, Freunde sehen, mit dem Hund spazieren gehen. Ich will das alles jetzt. Was bringt es mir, mein halbes Leben lang Grünkohlsmoothies getrunken zu haben, wenn ich die ganze Zeit das Gefühl habe, auf ein Ziel hinzuarbeiten, das in weiter Ferne liegt? Wenn ich nie irgendwo ankomme? Am Ende renne ich jahrelang im Hamsterrad, und wenn ich dann endlich freihaben könnte, falle ich tot um. Das wäre doch Mist.«

Boris ergreift meine Hand, streichelt meine Finger. »Das wäre großer Mist. Und die wichtigste Frage ist ja, wofür das alles.«

Kurz denke ich an das göttliche Gericht und die Stempel in meinem Wanderpass. Und dann denke ich mir: Das hat sich doch auch nur jemand ausgedacht, damit wir noch mehr arbeiten und noch weniger chillen.

Boris zieht mich zu sich heran, küsst mich, seine Hand wandert über meinen von der Sonne erwärmten Rücken. Dann knarzt es plötzlich. Eine Sekunde später knirscht Metall, und wir beide donnern mitsamt der Sonnenliege, die unter uns zusammengebrochen ist, auf den Balkonboden. Der Hund springt wie von der Tarantel gestochen auf, dreht sich im Kreis und bellt, Boris hat sich vor Schreck an mich geklammert. Wir sind ein Kuddelmuddel aus Armen und Beinen, und peinlich berührt rappele ich mich mit der Eleganz einer Elfe wieder nach oben. Oder wie heißt das Tier mit dem Rüssel?

»Das war ein Zeichen. Ich muss wirklich abnehmen«, stöhne ich, während ich mir den Staub von den Beinen klopfe.

»Quatsch. Die Liege ist drei Jahre alt und steht immer draußen. Vermutlich ist das Metall gerostet.«

»Boris! Schau mich doch mal an.« Ich zeige anklagend auf meinen Bauch und die Kartoffelbeine.

»Du siehst super aus.«

»Aber ich fühl mich nicht super!«, fauche ich.

»Lea, du hast mit der Diät noch nicht mal angefangen und hast schon schlechte Laune. Lass es bitte bleiben, ja? Ich mag dich so.«

»Dick?«

Er seufzt. »Schokolade erweiterte dein Speckdrum.«

Ich kann nicht anders, ich muss anfangen zu lachen.

»Und überhaupt. Was versprichst du dir von deinem dünneren Ich?«

Ich lasse mich wieder in die Hängematte sinken, während Boris die Überreste der Sonnenliege zur Seite stellt. »Eine bessere Fitness und Gesundheit? Jeans, in die ich reinpasse? Intakte Balkonmöbel? Die Liste ist lang.«

Er schüttelt den Kopf. »Nein, im Ernst. Du willst dich doch irgendwie anders fühlen.«

Ein tiefer Seufzer dringt aus meiner Kehle. »Ja. Schon. Ich verspreche mir von acht Kilo weniger, dass ich mich schöner fühle.«

Boris tritt an die Hängematte und beugt sich zu mir.

»Wag es ja nicht, dich zu mir zu legen, wir haben gerade schon ein Möbelstück geschrottet.«

Er lächelt, legt die Hand an meine Wange. »Schatz. Ich sag es dir nicht gern, aber du steckst in der Wenn-dann-Falle.«

»Denkst du dir die gerade aus?«

»Ja. Aber auf Grundlage eigener Erfahrungen. Ich dachte, wenn ich befördert würde, dann würde ich mich besser fühlen. Dir geht es doch nicht anders. Du denkst, wenn du weniger wiegst, findest du dich schöner. Das Problem ist aber in deinem Kopf, nicht auf deinen Hüften. Deswegen wirst du es auch dann noch haben, wenn du weniger wiegst.«

Ich schaue ihn entsetzt an. »Ich finde dich ekelhaft, wenn du recht hast.«

Boris nickt. »Sieben Monate Diät für sieben Tage Bikini. Das ist wie 40 Jahre malochen wie ein Depp und 400 Euro Rente bekommen.«

Fassungslos starre ich meinen Freund an. Was ist denn bitte in den gefahren? Seit wann redet der so?

Dann schlage ich meinen gedanklichen Kalender auf und überlege, in welchen Situationen mir meine Figur wirklich zu schaffen macht. Denn im Großen und Ganzen komm ich ja gut klar im Leben.

Ich kann mich fortbewegen, finde (meistens) Kleider in meiner Größe, kann auch mal einem Bus hinterherrennen (zugegeben: passiert selten, ich warte lieber auf den nächsten) und täglich mit dem Hund spazieren gehen. Eigentlich mag ich mich nur nicht, wenn wir in den Sommerurlaub fahren und ich Badekleidung anziehen muss. Davor habe ich im Grunde elfeinhalb Monate lang Horror – auch wenn das Quatsch ist, ich liege ja nicht zwischen Modelanwärterinnen am Strand, sondern zwischen sehr vielen Cellulitetälern und Schwimmringen. Es sieht kaum ein Mensch so aus wie die Models in der Werbung, und selbst die sind retuschiert. Außerdem habe ich in den letzten Jahren im Schnitt sieben Tage jährlich am Strand verbracht, genau wie Boris sagt. Und 358 auf der Couch. Ich brauche also keine Bikini-, sondern eine Couchfigur. Praktischerweise habe ich die schon.

»Wir können ja auch mal nach Schweden fahren«, murmele ich in Gedanken. Da gibt es zwar auch Strände, aber viel weniger Leute.

Boris hat von meinem inneren Monolog natürlich nichts mitbekommen, nickt aber. »Klar. Wenn du magst.« Dann sieht er mich ernst an. »Ich will ehrlich sein, Schatz. Ich mochte dein faules Ich lieber. Es war einfach viel schöner mit dir, als du noch nicht so … emsig warst. Und dauernd gestresst durch die Wohnung gerannt bist, weil irgendeine App piept. Früher war es bei uns zu Hause gemütlich. Jetzt ist es irgendwie …«

Ich unterbreche ihn: »Anstrengend. Ich weiß, was du meinst. Und ehrlich, so einen schönen Tag wie heute hatte ich seit Langem nicht mehr.«

»Also lassen wir das mit der Selbstoptimierung sein und stufen uns wieder zurück?« Er zieht mich aus der Matte, schlingt die Arme um mich. »Ich habe große Lust, mit dir zu sein, wenn es geht so lange, so unperfekt und so entspannt wie möglich. Außerdem«, er hebt den Finger, »hat meine alte Tante auf dem Sterbebett gesagt: ›Ich bereue nichts im Leben, nur all die Kuchenstücke, die ich nicht gegessen habe!‹«

Ich muss lachen. »Deine alte Tante war eine kluge Frau.«

»Die wusste echt, wie man lebt. Hat einfach auf alles gepfiffen. Die hatte keine Karriere, keine Kinder und keine Eigentumswohnung. Die hat einfach gemacht, worauf sie Lust hatte.«

»Ich glaube, Frau Pressel ist so ähnlich. Nur mit mehr Lippenstift und Casino.«

Boris nickt. »Und Kehrwoche. Vielleicht sollten wir uns an den alten Schachteln ein Beispiel nehmen. Oder einfach an Leuten, die den Großteil ihres Lebens schon gelebt haben. Die wissen doch nach 60, 70 Jahren, worauf es wirklich ankommt. Warum hören wir denen eigentlich nicht besser zu?«

Ich zucke mit den Schultern.

»Also, was nehmen wir uns für das nächste halbe Jahr vor?«, fragt Boris.

»Dass wir uns nichts vornehmen. Außer zufrieden zu sein, mit einigen glücklichen Tagen dazwischen.«

Er grinst. »Keine To-do-Listen mehr? Keine guten Vorsätze? Einfach leben?«

Ich lege den Kopf schief. »Doch, ich glaube, ich schreibe eine Liste. Aber eine, die mir hilft, mich nicht ständig ablenken zu lassen. Eine Not-to-do-Liste.«

Boris lacht. »Was soll das denn bitte sein?«

Ich mache mich von ihm los, greife nach der Flasche Wasser und trinke. Einfach so, ohne App-Erinnerung, ohne Klingeln und Bimmeln. Weil ich das Gefühl habe, dass ich das gerade brauche.

»Auf der Not-to-do-Liste steht alles, was ich zukünftig nicht mehr tun möchte. Bestätigung von außen suchen, zum Beispiel. Dinge tun, auf die ich keine Lust habe. Ein Nein erklären wollen. Mich für Sachen entschuldigen, für die ich nichts kann. Oder mich an Konventionen orientieren, hinter denen ich eigentlich gar nicht stehe.«

»Ohhhhh.« Boris macht große Augen. »Das ist gut.«

»Und was das Abnehmen angeht«, fahre ich fort, »da verlasse ich mich ab jetzt voll und ganz auf die → **paradoxe Intervention**.«

»Was soll denn das sein?«

»Das ist eine Therapiemethode, bei der man temporär genau das Gegenteil von dem tut, was man eigentlich machen will, um das Problem erst mal zu verschlimmern, die Kontrolle zurückzuerlangen und dann das Verhalten so anzupassen, wie man es wünscht.«

»Also um weniger zu arbeiten, arbeite ich erst mal mehr?« Er guckt skeptisch.

»Genau. Funktioniert ebenso bei Einschlafproblemen. Man sagt den Patienten, dass sie versuchen sollen, so lange wie möglich aufzubleiben und unter keinen Umständen einzuschlafen. Ist übrigens auch eine bewährte Methode in der Paartherapie. Paare, die nicht mehr miteinander ins Bett gehen, bekommen von den Therapeuten den Auftrag, mindestens zwei Wochen jede körperliche Annäherung zu unterbinden. Nach ein paar Tagen ist die sexuelle Spannung meistens so groß, dass die Leute die Finger kaum voneinander lassen können.«

Boris sieht begeistert aus. »Toll. Das machen wir. Sex kommt auf die Not-to-do-Liste!«

Ich lache laut. »Das geht nicht. Aber auf der Liste sollen ja keine Dinge stehen, an die ich mich über die paradoxe Intervention annähern will, sondern Sachen, die ich *wirklich* vermeiden will.«

»Ist egal. Hauptsache, das Ergebnis stimmt.« Er wackelt mit den Augenbrauen.

Tatsächlich habe ich im ersten Moment, als mir Tina von der paradoxen Intervention erzählte, gedacht: Was für ein Blödsinn. Und dann fiel mir auf, wie viel weiter ich komme und wie viel zufriedener ich bin, wenn ich den Druck rausnehme und mir die Erlaubnis gebe, all das zu tun, was ich eigentlich nicht tun sollte.

Zum Beispiel beim Abnehmen. Die Blumenthal-Methode ist alles andere als ausgefeilt, aber zu meiner größten Überraschung hat die Waage heute Morgen anderthalb Kilo weniger angezeigt. Und das, obwohl ich meine Aufmerksamkeit überhaupt nicht aufs Abnehmen gerichtet habe. Ich habe neulich sogar Pommes gegessen! Und alles andere, was ich mag – wenn auch offenbar weniger. Denn das habe selbst ich kapiert: Um abzunehmen, muss mehr Energie verbraucht als zugeführt werden. Offenbar habe ich das getan, ohne darauf zu achten. Es ist die beste Diät, die ich je geführt habe, ich habe sie nämlich nicht einmal bemerkt. Und dafür getan habe ich schon dreimal nix.

Und da sag noch mal einer, faul sein wäre schlecht! Faulheit hat nur einen sehr schlechten Ruf. Dabei ist jeder Mensch faul, wirklich jeder – irgendwann, bei irgendeinem Thema. Das hat einen neurologischen Hintergrund, denn unser Gehirn will Energie sparen, wo es nur möglich ist. Deswegen baut es Barrieren und Schranken in unser Denken ein, die uns davon abhalten, den Denkapparat zu sehr zu strapazieren. Faul sein ist nützlich, in vielerlei Hinsicht.

Umso unverständlicher, dass wir unsere Faulheit ständig bekämpfen. Mit Disziplin und Überwindung, mit Leid und Kummer und jeder Menge Selbstvorwürfen. Wenn wir die Faulheit in die Schranken verwiesen haben, fühlen wir uns gut – wenn sie obsiegt, schämen wir uns fürchterlich. Dabei geht die meiste Energie, die uns zur Verfügung steht, dafür drauf, diesen Kampf gegen die Faulheit zu führen. Wenn ich auf dem Sofa sitze und darüber nachdenke, was ich eigentlich alles noch zu tun hätte, verbrauche ich Unmengen an Kraft und Gedanken. Ich schiebe die unliebsame Aufgabe von links nach rechts und wieder zurück, fühle mich schlecht und nutzlos, unproduktiv und ineffizient, und mache damit alles nur noch größer. Und: Ich versaue mir sogar das Auf-dem-Sofa-Liegen. Ich bescheiße mich also doppelt.

Wie wäre es aber, wenn es mir gelingen würde, mich mit meiner Faulheit zu versöhnen? Ihr all das Positive abzugewinnen, was sie mitbringt? Freundschaft mit ihr zu schließen und sie für die Dinge, die mir wichtig sind, zu nutzen – und mir alles andere einfach gepflegt den Buckel runterrutschen zu lassen? Das wäre effizient, faultiereffizient!

Wieso nehme ich mir nicht sowieso viel häufiger ein Beispiel an den Faultieren? Die haben doch nur das Pech, diesen blöden Namen bekommen zu haben, weil sie einfach derbe gechillt sind – und fantastisch an ihre Umgebung angepasst.[39] Sie führen ein Leben im Energiesparmodus und besetzen damit eine ökologische Nische.

Ja, richtig gehört, die Faultiere bewegen sich so langsam, dass die Raubtiere sie gar nicht erst als Beute wahrnehmen. Hallo?! Das ist die perfekte Überlebensstrategie! Bei der Fortbewegung in Slow Motion verbrauchen sie übrigens auch so wenig Energie, dass sie weniger kalorienreiches Futter benötigen, was darüber hinaus so weit oben im Baum hängt, dass es ihnen keiner wegfrisst. Praktischerweise leben Faultiere in ihrer Vorratskammer. Sie müssen nicht jagen, nicht fischen, nicht sammeln und horten, sitzen einfach nur weit oben im Baum, umgeben von ihrer Lieblingsspeise, und mümmeln gemächlich vor sich hin. Selbst ihre Verdauung ist unendlich träge: Faultiere haben das langsamste Verdauungssystem aller Säugetiere, sie brauchen nur ein paar Blätter am Tag, die bis zu sieben Tage im Magen bleiben und sie nähren. Und da sag noch mal einer, dass ein träger Stoffwechsel ein Nachteil ist. Okay, ich gebe zu, als ich erfahren habe, dass sie manchmal so sehr den Kreislauf herunterfahren, dass sie aus Versehen sterben können, habe ich es mit der Angst zu tun bekommen. Aber das passiert äußerst selten. Und so ist es nun mal: Alles hat seine Schattenseite.

Mein inneres Faultier ist gar kein Feind, sondern mein bester Freund. Es bewahrt mich vor einem durchgetakteten, freudlosen, glutenfreien Leben. Es zeigt mir an, was ich wirklich, wirklich, wirklich nicht tun will. Ich dachte immer, mein inneres Faultier arbeitet gegen mich. Dabei hält es mich nur davon ab, all die Dinge zu tun, die mir weder Genuss noch Freude bereiten.

Genau aus diesem Grund lasse ich mich an diesem wunderschönen Junisonntag auch wieder in die Hängematte sinken, stoße mich mit der Zehe von der Wand ab und schließe die Augen.

Das Leben ist in Gänze unperfekt, farbenfroh, chaotisch und schön. Man muss sich nur die Erlaubnis geben, auf den ganzen Scheiß zu verzichten, der angeblich so unglaublich wichtig ist.

Übung: Besser bleiben lassen

Hast du jemals das Gefühl gehabt, dass du den ganzen Tag damit verbringst, dich mit Dingen zu beschäftigen, die nichts bringen? Dass du ständig auf Social Media herumhängst oder deine Zeit mit sinnlosen Aktivitäten verschwendest? Dann ist es vielleicht an der Zeit, eine Not-to-do-Liste zu erstellen!

Auf dieser Liste kannst du all die Dinge notieren, die du zukünftig vermeiden möchtest. Vielleicht möchtest du aufhören, stundenlang durch Instagram zu scrollen, oder dich weniger über unnötige Dinge aufregen. Oder vielleicht möchtest du einfach nur weniger Zeit mit deiner Schwiegermutter verbringen (aber sag ihr das nicht!). Klar, du kannst auf deine Not-to-do-Liste auch schreiben, dass du das Haus besser nicht ohne Hose verlässt. Deiner Fantasie sind keine Grenzen gesetzt.

Eine Not-to-do-Liste ist eine großartige Möglichkeit, um sicherzustellen, dass du deine Zeit nicht mit unnötigen Dingen verschwendest. Aber was ist, wenn deine Not-to-do-Liste so lang wird, dass du keinen Platz mehr für Dinge hast, die du tatsächlich tun solltest?

Nun, hier sind ein paar Dinge, die du beachten solltest, wenn du deine Not-to-do-Liste erstellst:

Atmen: Es mag offensichtlich klingen, aber du würdest überrascht sein, wie oft Menschen vergessen zu atmen, wenn sie eine lange Liste von Dingen haben, die sie nicht tun dürfen.

Lachen: Es ist wissenschaftlich bewiesen, dass Lachen gut für die Gesundheit ist. Also, wenn auf deiner Not-to-do-Liste Dinge stehen, die dich vom Lachen abhalten, streiche sie.

Denken: Ich weiß, dass Denken manchmal anstrengend sein kann, aber wenn du es auf deine Not-to-do-Liste setzt, wirst du wahrscheinlich nicht sehr weit kommen. Denk also nicht mal daran, das aufzuschreiben. Im Gegensatz zum Grübeln. Grübeln ist toxisch, das kannst du ruhig auf deiner Liste stehen lassen.

Schlafen: Das ist vielleicht ein bisschen übertrieben, aber ich will nur sicherstellen, dass du auf dich aufpasst. Schlafen ist wichtig für deine Gesundheit und dein Wohlbefinden, also setze es nicht auf deine Not-to-do-Liste. Auch nicht das Ausschlafen.

Genießen: Was wäre das Leben ohne Genuss? Eben. Streiche also alles von deiner Not-to-do-Liste, was deinen Genuss einschränken könnte.

10
VIER NIETEN UND EINE RICHTIGE

Warum am Ende doch alle gewonnen haben

Da kommt sie!« Arne wirkt richtig aufgekratzt, während er sich weit über die Absperrung beugt und aus voller Kehle schreit: »Weiter so! Du machst das großartig. Ich liebe dich!«

Als Tina den Kopf hebt und in unsere Richtung blickt, ist ihr Gesicht zwar rot wie eine Tomate, aber sie sieht auch ausgesprochen glücklich aus. Es ist doch erstaunlich, wie unterschiedlich Menschen ticken.

Die Vorstellung, mehr als 20 Kilometer zu rennen und dabei auch noch zu lächeln, ist für mich so absurd wie abschreckend.

Tina hebt die Hand, läuft leichtfüßig an uns vorbei und wirft Arne eine Kusshand zu. Nur wenige Augenblicke später macht die Laufstrecke eine Kurve, und Tina ist nicht mehr zu sehen.

»Und jetzt?«, will Boris wissen.

Arne sieht auf die Uhr. »Wir haben noch 20 Minuten Zeit, bis sie am Ziel ankommt.« Er hebt den Kopf. »Da bist du ja endlich!«

Ich blicke mich um und erkenne Malte, der sich mit leicht verärgertem Gesichtsausdruck durch die Wartenden schiebt.

»Sorry, ich hatte einen Platten und keine Luftpumpe dabei. Zum Glück«, er wendet den Blick ab, »hab ich zufällig Kathi getroffen. Sie hat mir geholfen.«

Hinter ihm taucht Kathi auf und schiebt sich verlegen eine Strähne hinters Ohr.

»Ja, war wirklich ein lustiger Zufall, dass wir uns getroffen haben.«

Boris, Arne und ich wechseln Blicke.

»Wer's glaubt, wird selig«, gluckst Arne. »Leute, wem wollt ihr eigentlich was vormachen?«

Kathis Gesicht wird noch röter als das von Tina gerade, und Malte fängt an zu stottern.

»Ne, ne, ist nicht so, wie du denkst. Wir sind nur ... Also, wir verstehen uns einfach gut ...«

Boris zieht eine Augenbraue hoch. »Klar. Und dass du auf der Arbeit nur noch auf dein Handy glotzt und jedem mit deiner guten Laune auf den Sack gehst, ist natürlich auch nur Zufall. Stimmt's?«

Malte öffnet den Mund, klappt ihn wieder zu, schaut hilfesuchend zu Kathi.

Die seufzt einmal tief, schließt die Augen und öffnet sie wieder. »Okay! Ist ja gut.« Dann sagt sie, während sich ihr Mund zu einem breiten Grinsen verzieht, das sie nur schwer unterdrücken kann: »Wir daten uns seit ein paar Wochen.«

»Monaten«, krächzt Malte. »Sie kriegen es eh raus.«

Kathi lacht. »Na gut. Seit ein paar Monaten. Aber ich schwöre, das war nicht geplant!«

Ich muss daran denken, wie wenig begeistert sie an Silvester von Malte schien, der in seinem Liebeskummer traurige Runden schwamm und vor lauter Selbstmitleid kaum aufrecht sitzen konnte. Tatsache, dass das mit ihr und Malte sich eher zufällig entwickelt hat, glaube ich ihr.

»Aber warum habt ihr daraus ein Geheimnis gemacht? Ist doch toll, wenn ihr euch gefunden habt.«

Kathi wirkt wieder verlegen. »Ach, wegen dieser blöden Wette. Und wir wussten ja auch gar nicht, wie das mit uns weitergeht.« Sie blickt auf, lächelt, und Malte legt den Arm um ihre Schulter.

»Ich bin so froh, dass die Heimlichtuerei endlich ein Ende hat«, sagt er erleichtert. »Ich hab mich immer wie ein Geheimagent dreimal umgeguckt, bevor wir das Haus verlassen haben.«

Boris lacht. »Ihr seid so bescheuert.«

Kathi zuckt mit den Schultern. »Was soll's. Dann laden wir euch jetzt eben in den Kurzurlaub ein.« Sie schmiegt sich an Malte, und ich sehe ihr an, wie glücklich sie ist.

Ich räuspere mich. »Also die Kosten müsst ihr nicht alleine tragen. Boris und ich machen mit. Willkommen im Club der Guten-Vorsätze-Verweigerer!«

Malte macht ein skeptisches Gesicht. »Hä? Moment. Boris, du bist doch befördert worden. Das war doch dein Vorsatz.«

Boris grinst. »Ich war am Montag beim Chef und habe um meine Entförderung gebeten.«

»Was?« Arne, Malte und Kathi sprechen aus einem Mund.

Boris nickt. »Im Ernst, das ist das Geld und die Verantwortung nicht wert. Ich möchte lieber mehr Zeit mit meiner Süßen verbringen.« Er zieht mich an sich, küsst mich auf die Haare.

»Wow.« Arne sieht beeindruckt aus. »Tja, dann dürfen Tina und ich uns wohl freuen«, sagt er mit einem Grinsen.

»Moment.« Kathi schaut ihn ernst an. »Wenn ich mich richtig erinnere, haben Lea und ich dich gesehen. Vor einer Bar. Rauchend.«

Arne schweigt, seine Kieferknochen mahlen.

»Kann natürlich auch dein Zwillingsbruder gewesen sein«, füge ich hinzu. »Aber ich habe mich neulich mit deiner Freundin unterhalten, und die ist sich auch nicht so sicher, dass du wirklich durchgezogen hast, mit dem Rauchen aufzuhören.«

Arne stöhnt. »Mann, ey! Ich hab es echt versucht. Vier Wochen habe ich durchgehalten. Aber dann …«

Ich lache. »Story of my life!«

Er schüttelt den Kopf, kramt in seiner Tasche, zieht eine E-Zigarette heraus. »Ich bin wenigstens auf die Dinger hier umgestiegen. Ist nicht dasselbe, aber kommt nah ran. Und besser ein halber Ausstieg als gar keiner. Oder?«

Boris klopft ihm auf die Schulter. »Kumpel, du solltest es Tina sagen.«

Arne rauft sich die Haare. »Sie wird mich umbringen.«

»Aus eigener Erfahrung kann ich berichten, dass sie es nicht tun wird«, erkläre ich. »Immerhin weiß sie, was bei dir abgeht und warum es so schwer ist, sich wirklich abzugewöhnen, zu rauchen. Vor allem dann, wenn man es im Grunde gar nicht will.«

Arne nickt. »Also laden wir alle Tina in den Urlaub ein? Wo fahren wir denn hin? Und vor allem, wann?«

»Wie wäre es mit ein paar Tagen über Silvester?« Boris schaut die anderen an. »Eine Hütte irgendwo an der Küste?«

»Oder Paris.« Kathi legt den Kopf an Maltes Brust. »So romantisch.«

»Im Grunde ist es doch völlig egal, wo wir hinfahren«, sage ich. »Wir wollen eigentlich nur zusammen sein. Oder?«

»London«, sagt eine Stimme hinter uns, und wir drehen uns verwundert um. Es ist Tina, die völlig außer Atem und verschwitzt vor uns steht.

Arne schaut verblüfft auf die Uhrzeit auf seinem Handy. »Du solltest doch erst in fünf Minuten im Ziel ankommen! Wir wollten dich doch dort in Empfang nehmen.«

»Hab den Turbo gezündet am Ende«, sagt sie grinsend. »Als ich gemerkt habe, dass ich noch richtig viel Energie habe, habe ich beschlossen, dass ich nächstes Jahr die ganze Strecke laufe. Wie wäre es also mit London?«

Wir blicken uns abwechselnd an.

»Klingt gut«, sagt Boris schließlich. »Und herzlichen Glückwunsch zum erfolgreichen Rennen! Umarmen werde ich dich jetzt aber nicht.«

Tina lacht. »Kein Problem.« Ihr Blick ruht auf Arne, der

immer noch die E-Zigarette in der Hand hält. »Ach. Hast du es endlich zugegeben?«

»Ich … ich …« Arne wirkt noch peinlicher berührt als Kathi und Malte vorhin. »Ich hätte es dir sagen sollen.«

Tina winkt ab. »Ich wusste es doch die ganze Zeit. Und immerhin probierst du jetzt diese elektrischen Dinger. Die riechen wenigstens besser.«

»Also bist du mir nicht böse?«

Sie schüttelt den Kopf. »Nein. Ich kenne doch meine Pappenheimer.« Ihr Blick fällt auf Kathi und Malte. »Nicht wahr?«

»Was ist eigentlich mit dir?« Arne blickt mich an. »Du hast noch gar nicht gesagt, wie es mit deinen Vorsätzen vorangeht.«

Ich grinse breit. »Ich mach jetzt Wabi-Sabi.«

»Die grüne scharfe Paste, die beim Sushi immer übrig bleibt?«

»Fast. Wabi-Sabi ist ein japanisches Wort. Es bedeutet, Schönheit in jedem Aspekt der Unvollkommenheit zu finden und die eigenen Fehler zu akzeptieren.«[40]

Tina lächelt. »Ehrlich, Lea, einen besseren Vorsatz habe ich seit Jahren nicht gehört. Für uns alle.«

»Auf das Faultier!«, ruft Boris und drückt mich an sich.

»Auf die Liebe«, sagt Kathi.

»Und auf das Leben, das einfach viel zu kurz ist für diesen Scheiß«, ergänze ich und meine es so.

LEAS ERFOLGSREZEPT

(für wirklich alle)

Du willst dich ändern? Bist du dir wirklich sicher? Ich frage nur aus Neugier. Denn vermutlich ist dein Leben im Großen und Ganzen schon ziemlich okay. Wäre da nicht … Ja, ich weiß. Es ist nicht immer leicht, sich von allen äußeren Einflüssen freizumachen. Außerdem gibt es wirklich einige Unarten, die du loswerden könntest. Möglicherweise auch einige zusätzliche Kilos, die nicht nur dein Wohlbefinden, sondern auch deine Gesundheit negativ beeinflussen. Trinkst du zu oft einen über den Durst? Lässt du andere nicht ausreden? Bist du häufiger engstirnig, als du es sein willst? Oder steckst du schon länger in einer Lebenslage, die dir nicht (mehr) entspricht – aber du findest keinen Weg, wie du dich und die Situation verändern kannst?

Ich sag es gleich vorweg: Echte Veränderung findet nur zwischen deinen Ohren statt, im Gehirn. Zum Glück kann man dem alten Kasten aber ein bisschen auf die Sprünge helfen.

1. Motivation – oder warum willst du dich eigentlich verändern?

Ich vermute, dass du schon oft gehört hast, dass du mehr Sport machen und auf eine gesunde Ernährung achten solltest. Aber mal ehrlich, wer will schon den ganzen Tag nur Grünkohlsmoothies schlürfen und sich im Fitnessstudio quälen?

Ich sag dir was: Vergiss, was die Welt da draußen von dir will, und finde deine eigene Motivation! Warum willst du eigentlich mehr Sport machen und dich gesünder ernähren? Willst du dich besser fühlen? Mehr Energie haben? Oder einfach geiler aussehen? Am Ende geht es darum, dass du die Veränderung für dich selbst tust und nicht für andere.

Mach dir bitte auch bewusst, dass auch du in die Wenn-dann-Falle tappen kannst. Vielleicht wirst du dich fitter und attraktiver fühlen, wenn du weniger wiegst – aber deine Komplexe und Selbstzweifel wirst du vermutlich behalten, die reagieren nämlich nicht auf Kalorienreduktion. Vergiss nie: *Du* sollst dich wohlfühlen! Das ist das einzige Ziel, das du im Leben erreichen solltest, für alles andere ist die Zeit wirklich zu schade.

2. Loslegen – oder wie du den Hintern vom Sofa bekommst

Merkst du manchmal, dass du dich selbst dabei erwischst, zu sagen: »Ach, das mache ich morgen«, »Nächste Woche fange ich an« oder sogar »Für das nächste Jahr nehme ich mir vor –«? Das ist ein typisches Verhalten, um Aufgaben aufzuschieben, weil das innere Faultier einfach zu stark ist. Aber hey, wenn du etwas tun willst, dann fang sofort an! Lass das Faultier nicht gewinnen!

Wenn du ständig Dinge aufschiebst, hast du nur kurzzeitig das Gefühl, deine inneren Widerstände besiegt zu haben. Aber ehrlich gesagt verarschst du dich doch nur selbst. Die Deadline rückt immer näher, du gerätst in Stress, und am Ende stehst du wieder vor dem gleichen Problem. Also pack es an und warte nicht länger!

3. Ziele setzen – oder wo willst du eigentlich hin?

Wenn du etwas in deinem Leben ändern möchtest, musst du dir ein konkretes Ziel setzen. Keine Sorge, du musst jetzt nicht gleich den Mount Everest besteigen oder einen Ironman gewinnen. Es kann auch etwas Einfacheres sein, wie ein paar Kilo abnehmen, öfter mal den Hintern hochkriegen und Sport treiben, gesünder essen oder einfach mal Ordnung ins Leben bringen. Die Möglichkeiten sind endlos!

Aber halt, bevor du dir ein Ziel setzt, solltest du sicherstellen, dass es auch realistisch ist. Denn wenn du dir etwas vornimmst, das du niemals erreichen kannst, dann bist du am Ende frustriert statt motiviert. Also sei ehrlich zu dir selbst und wähle ein Ziel, das zeitlich und inhaltlich machbar ist.

Das Beste: Wenn du dein Ziel vor Augen hast, hilft es dir, deine Motivation aufrechtzuerhalten. Es gibt dir neue Energie, weil du siehst, wie du ihm Stück für Stück näher kommst. Also los, setz dir ein Ziel und dann rock das Ding! Und fall nicht auf den Prokrastinationstrick herein. Du hast ja gesehen, wohin das führen kann …

4. Visualisieren – oder wie du den Fokus nicht verlierst

Wenn du wirklich etwas erreichen willst, dann visualisiere es! Ja, du hast richtig gehört, stell dir vor, wie du dein Ziel erreichst. Den Weg dahin kannst du mit deinen Meilensteinen pflastern.

Und keine Angst vor dem Klischee. Häng die Stellenausschreibung von deinem Traumjob auf, auf den du hinarbeitest, oder ein Bild von deinem Lieblingsoutfit, das dir wieder passen soll. Je öfter du dein Ziel anschaust, desto größer wird dein Ehrgeiz, es zu erreichen. Das wird das Faultier in dir so richtig schwach machen!

Warum es bei mir nicht geklappt hat, fragst du? Meine Bilder, die ich mir auf mein Visionboard geklebt habe, waren zu abstrakt. Es waren keine Wünsche, die ich *wirklich* hatte. Deshalb konnte es auch nicht klappen. Seit ich aber konkret vor Augen habe, was ich möchte, sieht die Lage schon wieder ganz anders aus.

Also, worauf wartest du noch? Such dir ein Bild von deinem Ziel oder notiere es und mach dich bereit, es zu erreichen!

5. Planung – oder wie du von A nach B kommst

Wenn du dein Ziel kennst und es schon vor deinem geistigen Auge siehst, dann brauchst du jetzt einen konkreten Plan. Ein einfaches »Ich mache jetzt mehr Sport« ist zwar ein guter Vorsatz, aber viel zu vage. Du musst besser planen! Lege dir jede Woche fixe Termine fest und markiere sie in deinem Kalender. Und fasse einen genauen Plan, welche Übungen du machen und wie du beginnen willst. Je genauer dein Konzept ist, desto leichter wird die Umsetzung und desto schwerer wird es für Ausreden.

Warum das alles? Ich sage es dir. Du entwickelst *sofort* eine neue Routine und musst keine 66 Tage warten, um festzustellen, dass dir die neue Routine wirklich guttut. Halte dich an deinen Plan und arbeite an besseren Gewohnheiten. Klar, am Anfang kostet es Überwindung, aber jedes Mal wird es leichter. Du wirst sehen, es wird dir schon bald wie von selbst von der Hand gehen.

6. Probleme einplanen – oder wie es dir gelingt, nicht gleich wieder aufzugeben

Auch wenn du einen genialen Plan hast, es werden ganz sicher Probleme und Rückschläge auf dich warten. Der Fortschritt kann langsamer sein als erhofft, eine wichtige Aufgabe kommt dazwischen, oder das Wetter spielt nicht mit – solche scheinbar unvorhergesehenen Schwierigkeiten solltest du einkalkulieren. Lass dich nicht von alten Denkmustern à la »Tja, dann klappt es wohl nicht« manipulieren. Wenn du bereits mit Problemen rechnest, kannst du dich auf die Lösung konzentrieren.

Also überleg möglichst frühzeitig: Was könnte eine Herausforderung werden? Mach dir am besten schon jetzt Gedanken, wie du diese überwinden kannst. Dann wird das Faultier in dir keine Chance haben, dich aufzuhalten. Und wenn doch mal was schiefläuft, lass dich nicht unterkriegen – steh auf, klopf den Staub ab und mach weiter!

7. Mitstreitende suchen – oder warum geteiltes Leid halbes Leid ist

Du musst nicht allein gegen deine inneren Widerstände kämpfen. Such dir lieber Partner und Mitstreitende, um gemeinsam das Ziel zu erreichen. Ihr könnt euch gegenseitig motivieren, wenn einer mal keine Lust hat oder aufgeben will. Selbst belügen kann man sich viel zu leicht, und den Weg des geringsten Widerstands zu wählen ist doch die leichteste Übung. Doch bei einem Mitstreitenden kommst du nicht so einfach mit deinen Ausreden durch. Ein Partner mit dem gleichen Ziel erhöht deine Verantwortlichkeit. Er hat eine Kontrollfunktion und sorgt dafür, dass du nicht aus der Verantwortung flüchtest und dein Vorhaben auf die lange Bank schiebst.

8. Prioritäten – oder warum es sich manchmal lohnt, vom Sofa aufzustehen

Es ist sinnlos, das Faultier in dir besiegen zu wollen – es wird immer stärker sein. Also hör auf, ständig dagegen anzukämpfen. Das heißt nun aber nicht, dass du für alle Zeiten auf dem Sofa liegen bleiben musst. Auch ein Faultier muss mal austreten oder in die höheren Äste klettern, um die leckeren Blätter zu finden! Es bewegt sich aber nur, wenn es wirklich wichtig ist. Für Sinnloses vergeudet das Faultier keine Energie. Also: Setz Prioritäten und entscheide, welche Sache es wert ist, dass du dich dafür aufraffst.

9. Belohnung – oder wie gut es tut, sich etwas Gutes zu tun

Du hast hart daran gearbeitet und deine Zwischenziele erreicht? Das verdient eine Belohnung! Aber halt, bevor du jetzt in deine alten Gewohnheiten zurückfällst, lass mal überlegen, wie du das Ganze etwas schlauer gestalten kannst. Du willst schließlich nicht alle Fortschritte direkt wieder zunichtemachen, oder? Wie wäre es mit etwas, das deinem Ziel nicht im Weg steht? Wenn du zum Beispiel abnehmen willst, könnte eine Massage oder ein Wellnesstag besser sein als eine Tafel Schokolade … Nur eine Idee. Oder du gönnst dir ein neues Sport-Outfit oder eine coole neue Sporttasche? Das motiviert für die nächsten Trainingseinheiten. Wichtig ist, dass die Belohnung in Einklang mit deinem Ziel steht und du dir klare Zwischenziele setzt. Auf die Plätze, fertig, belohnen!

10. Einsicht – oder warum es manchmal besser ist, den ganzen Scheiß einfach sein zu lassen

Im Ernst. Wenn du dich seit Jahren mit einem Vorhaben abquälst, aber trotz aller Ratgeber, die du gelesen hast, Coaches, die du konsultiert hast, Tipps, Tricks und Gimmicks einfach keinen Schritt weiterkommst, dann sage ich dir: Lass es. Lass es einfach bleiben. Es ist die Mühsal nicht wert. *Du* bist es nicht wert, deine Lebenszeit damit zu verschwenden, irgendwelchen Idealen hinterherzuhecheln, die du vielleicht niemals erreichen wirst. Das ist okay. Nicht jeder Mensch ist dafür geboren, einen Marathon zu laufen. Oder vegan zu leben. Oder immer nett zu seinen Mitmenschen zu sein. Klar, unsere Welt wäre ein besserer Ort, wenn wir alle genau so leben würden, wie es uns die Ärzte, die Umweltwissenschaftler, die Paarberater und was weiß ich noch wer sagen. Doch leider ist der Mensch zwar ein vernunftbegabtes, aber kein vernünftiges Wesen. Und weißt du was? Das ist auch gut so. Deswegen können wir nämlich auch das zweite Glas Wein genießen, uns mit einem breiten Grinsen im Gesicht ein Stück Sahnetorte einverleiben, Geld für Unsinn zum Fenster rauswerfen, uns wieder und wieder verlieben und so viel Freude am Leben haben. Ist das nicht wunderbar?

GLOSSAR

72-Stunden-Regel, die Konzept, das besagt, dass du mit einem Vorhaben innerhalb von 72 Stunden beginnen musst. Tust du es nicht, sinkt die Wahrscheinlichkeit, dass du es jemals umsetzt, auf magere ein Prozent. Ja, tatsächlich nur noch *ein Prozent!* Das bedeutet, dass du dir den Arsch aufreißen musst, um das Projekt zu starten und das Faultier in dir zu besiegen. Also raus aus der → **Komfortzone**, krempel die Ärmel hoch! Ob du eine neue Sprache lernen willst oder eine neue Geschäftsidee hast – innerhalb von 72 Stunden musst du anfangen. Lass den inneren Zweifler hinter dir und starte durch!

Natürlich ist es wichtig, einen realistischen Plan zu haben und die Zeit effektiv zu nutzen. Aber mit der 72-Stunden-Regel hast du zumindest den Anstoß, endlich loszulegen und deine Träume zu verwirklichen. Also, worauf wartest du noch? Go, go, go!

10000-Stunden-Regel, die Ersonnen vom US-amerikanischen Neurologen Daniel Levitin, ist die 10000-Stunden-Regel der Heilige Gral für alle, die das nächste große Ding werden wollen. Aber Achtung: Wir sprechen hier nicht von 10000 Stunden Netflix-Marathons oder Dosenbier-Trinken (obwohl das auch eine beachtliche Leistung ist).

Nein, laut dieser Regel braucht man 10000 Stunden praktische Übung, um ein Meister seines Fachs zu werden. Das bedeutet, dass du stundenlang deine Gitarre zupfen, deine Kochkünste perfektionieren oder im Regen laufen musst, um der nächste Jamie Oliver, Usain Bolt oder die neue Madonna zu werden.

Das Gute daran ist, dass du dich in dieser Zeit zum wahren Experten entwickelst. Das Schlechte daran ist, dass es eine verdammt lange Zeit ist! Na ja, wer hat gesagt, dass der Weg zum Erfolg einfach sein würde?

Edwards-Gesetz, das Besagt, dass der Zeitaufwand, den man in ein Projekt investiert, umgekehrt proportional zur verbleibenden Zeit steigt. Einfacher formuliert: Rückt die Deadline näher, kniet man sich richtig rein. Oft hängt das Edwards-Gesetz mit dem Phänomen der → **Prokrastination** zusammen, das dazu führt, dass man unangenehme oder herausfordernde Aufgaben schiebt und sich stattdessen den schönen Seiten des Lebens zuwendet, um ein gutes Gefühl zu bekommen. Anders gesagt, man schiebt bis fünf vor zwölf und fängt erst an zu handeln, wenn es eigentlich schon zu spät ist.

Eisenhower-Matrix, die Werkzeug zur Priorisierung von Aufgaben, das nach dem ehemaligen US-Präsidenten Dwight D. Eisenhower benannt wurde, angeblich ein Meister der Zeitmanagement-Techniken. Die Matrix ist wie Tinder für deine To-do-Liste: Du sortierst Aufgaben nach wichtig und unwichtig und entscheidest, ob du sie heute oder irgendwann machst. Aber bitte nicht vergessen: Das Swipen von Aufgaben allein bringt dich nicht zum Erfolg!

Die Matrix besteht aus vier Quadranten, die je nach Dringlichkeit und Wichtigkeit der Aufgabe eingeteilt sind. Im Grunde gilt: Wenn etwas wichtig und dringend ist, machst du es sofort, um alles andere kümmert sich die → **Prokrastination**, bis es so wichtig und dringend ist, dass du dich darum kümmern musst.

Die Eisenhower-Matrix ist ein unglaublich nützliches Werkzeug, um dein Leben zu organisieren und produktiver zu sein. Oder du kannst es einfach ignorieren und weiterhin deine Zeit damit verbringen, lustige Katzenvideos anzusehen. Deine Wahl!

Fressformel, die Wissenschaftlich erprobte Formel, die berechnet, in welchem Verhältnis Fett und Kohlenhydrate in einem Lebensmittel vorhanden sein müssen, um im menschlichen Gehirn zu Dopaminfeuerwerken zu führen, die zwangsläufig in Fressorgien münden. Besonders oft wird die Fressformel beim Verzehr von Chips oder Pommes beobachtet.

Gesetz der Anziehung, das Konzept, das besagt, dass man das anzieht, worauf man sich konzentriert. Das Manifestieren ist sozusagen der magische Zauberstab des Universums. Wenn man also ständig an einen Haufen Geld denkt, wird man ihn irgendwann anziehen – oder zumindest eine Menge Werbung für Kredite.

Das Konzept geht zurück auf alte Weisheitslehren, aber es hat in den letzten Jahren auch in der Popkultur an Bedeutung gewonnen. Viele Menschen schwören darauf, dass sie durch das Anziehen von positiver Energie ihre Träume verwirklicht haben. Aber Vorsicht! Es gibt auch eine dunkle Seite: Wer sich ständig auf Negativität konzentriert, wird auch die anziehen.

kognitive Dissonanz, die Ein unangenehmer Gefühlszustand, der entsteht, wenn zwei Kognitionen (Überzeugungen) im Inneren einer Person aufeinandertreffen, die nicht miteinander vereinbar sind, beispielsweise: »Ich will weniger Fleisch essen, um die Umwelt zu schonen, aber heute habe ich Lust auf ein Steak.« Um diesen Missklang im Inneren aufzulösen und die quälende Kluft zwischen Anspruch und Wirklichkeit zu überbrücken, stellt das menschliche Gehirn verschiedene Strategien bereit, unter anderem Abwertung einer der beiden Kognitionen (»Die Umwelt verreckt sowieso!«), Ablenkung (»Oh,

Desserts gibt es hier auch …«) oder Übertragung der Verantwortung auf andere (»Ich kann die Welt ja wohl nicht im Alleingang retten.«). All diese Strategien führen zwangsläufig zur → **Selbstverarsche**, es sei denn, man ändert sein Verhalten tatsächlich und verspürt zukünftig keine zwei sich im Widerstreit befindenden Kognitionen mehr. Das gelingt aber so gut wie niemandem.

Komfortzone, die Ein mysteriöser Ort, an dem alles bequem und entspannt ist. Hier findest du flauschige Kissen, Netflix-Serien und eine endlose Versorgung mit Junkfood. Es ist der Ort, an dem Träume sterben und Faulheit gedeiht. Wer möchte schon seine Bequemlichkeit verlassen und sich dem Risiko und der Unsicherheit aussetzen?

Die Sache hat aber einen Haken. Wenn du zu lange in der Komfortzone chillst, kann es passieren, dass du in ihr gefangen bleibst. Du wirst eine Gummiente in der Badewanne sein, die niemals die Freiheit hat, die weiten Ozeane zu erkunden. Also verlass deine Couch, steh auf und mach etwas Verrücktes! Spring aus einem Flugzeug, mach eine Weltreise oder bewirb dich für einen neuen Job. Nur so wirst du lernen, dass das Leben außerhalb der Komfortzone viel aufregender ist.

Korrumpierungseffekt, der Psychologisches Phänomen, bei dem ehemals intrinsische Motivationen (Spaß an der Freude, Zeitvertreib, Lust etc.) durch äußere Motivationen (also beispielsweise Honorare, Zeitdruck, Komplimente, Kritik etc.) untergraben, also korrumpiert werden. Dabei verhält es sich wie bei einem Kabelbinder: Hat man die intrinsischen Motivationen einmal durch extrinsische versaut, gibt es keinen Weg zurück. Dann bleibt einem nur, sich ein neues Hobby zu suchen.

Matthäus-Effekt, der Soziales Phänomen, benannt nach dem Bibelvers »Denn wer da hat, dem wird gegeben, dass er Fülle habe; wer aber nicht hat, dem wird auch das genommen, was er hat« (Matthäus 25,29), laut dem erfolgreiche Menschen noch erfolgreicher werden, während erfolglose Menschen noch erfolgloser werden. Es ist wie auf einer Party: Die coolen Kids bekommen die Einladungen zu den besten Partys, und die weniger coolen Kids bleiben zu Hause und schauen neidisch auf die Fotos.

Aber keine Sorge, der Matthäus-Effekt kann durchbrochen werden! Indem man hart arbeitet und sich anstrengt, kann man sich selbst aus der schlechten Situation herausziehen und erfolgreich sein. Und wenn nicht, dann gibt es immer noch Netflix und Eiscreme.

paradoxe Intervention, die Therapiemethode, bei der man das Problem verschlimmert, um es zu lösen. Klingt verrückt, oder? Aber das ist der Witz! Indem man das Gegenteil von dem tut, was man normalerweise tun würde, kann man tatsächlich bessere Ergebnisse erzielen.

Wenn du zum Beispiel unter Liebeskummer leidest und denkst, dass du niemals über deinen Ex hinwegkommen wirst, könnte dir ein Therapeut vorschlagen, dich absichtlich an den Ex zu erinnern und alle traurigen Gedanken zu verstärken. Klingt kontraproduktiv, kann aber tatsächlich dazu beitragen, deine Gefühle zu verarbeiten und schneller über ihn hinwegzukommen.

Auch in der Schwiegermutter-Abwehr ist die paradoxe Intervention sehr wirkungsvoll. Hast du beispielsweise eine Schwiegermutter, die sich immer beschwert, dass es bei euch zu Hause nicht ordentlich und sauber ist, frage sie beim nächsten Mal (ohne Ironie!): »Wann könntest du denn vorbeikommen und unsere Wohnung so putzen, dass sie ordentlich und sauber ist? Bei uns passen Dienstag und Donnerstag.« Sie wird das Thema sicher nicht noch einmal ansprechen.

Paretoprinzip, das Auch bekannt als das 80–20-Prinzip, sagt aus, dass 80 Prozent der Ergebnisse aus 20 Prozent der Ursachen resultieren. Das ist wie bei einem Schokoladenkuchen: 80 Prozent des Genusses kommen von 20 Prozent der Zutaten, nämlich der Schokolade. Das Paretoprinzip ist überall anwendbar. Es erklärt auch, warum du 80 Prozent deiner Zeit damit verbringst, 20 Prozent deiner Sachen zu suchen. Du weißt schon, diese eine Socke, die immer verloren geht oder deine Schlüssel, die sich in einem anderen Universum zu verstecken scheinen.

Das Paretoprinzip hat also auch eine Kehrseite. Wenn man 80 Prozent seiner Zeit mit 20 Prozent der falschen Aktivitäten verschwendet, kann das zu unerwünschten Ergebnissen führen. Oder wie wir es nennen: dem 80–20-Desaster.

Insgesamt ist das Paretoprinzip ein nützliches Konzept, um Prioritäten zu setzen und effektiver zu sein. Aber vergiss nicht, dass es im Leben nicht immer um Effizienz geht. Manchmal muss man auch mit Schokoladenkuchen im Bett liegen bleiben und einfach nichts tun. Denn das ist die wichtigste Botschaft des Paretoprinzips: Nur 20 Prozent der Dinge sind wirklich wichtig, der Rest kann warten.

parkinsonschen Gesetze, die Besagen, dass Arbeit sich ausdehnt, um die Zeit auszufüllen, die für ihre Fertigstellung vorgesehen ist. Wenn du eine Stunde Zeit hast, um eine Aufgabe zu erledigen, dann wirst du auch eine Stunde brauchen. Wenn du aber den ganzen Tag dafür Zeit hast, wirst du wahrscheinlich auch den ganzen Tag damit verbringen. Die parkinsonschen Gesetze erklären damit, warum manche Menschen auf der Arbeit nichts tun, obwohl sie so aussehen, als seien sie den ganzen Tag beschäftigt. Sie haben einfach ihre Arbeit ausgedehnt, um ihre Zeit auszufüllen.

Aber keine Sorge, die parkinsonschen Gesetze kannst du zu deinem Vorteil nutzen. Wenn du weißt, dass du nur eine begrenzte Zeit hast, um etwas zu erledigen, wirst du wahrscheinlich schneller und effektiver arbeiten.

Insgesamt sind die parkinsonschen Gesetze ein nützliches Konzept, um herauszufinden, wie man seine Zeit am besten nutzen kann. Bevor du dich in deiner Arbeit verlierst, denk daran: Die Zeit ist knapp, also mach dich an die Arbeit – oder schau dir ein paar lustige Katzenvideos an.

Perfektionismus, der Perfektionismus beschreibt das Streben nach Vollkommenheit und Fehlerlosigkeit. Menschen, die sich als Perfektionisten beschreiben, verfolgen das Ziel, beste Leistungen abzuliefern, und haben dabei sehr hohe, oft unerreichbare Ansprüche an sich und an andere. Dabei geht es dem Perfektionisten weniger um die Vollkommenheit an sich, sondern um den Versuch, sich unangreifbar zu machen oder Sicherheit und Zugehörigkeit zu erlangen. Viele Perfektionisten leiden unter massiven Verlust- und Versagensängsten. Um den eigenen Perfektionismus überhaupt zu ertragen, tendieren manche Betroffenen zur → **Prokrastination**. Indem sie sich selbst um ausreichend Zeit für die Erledigung ihrer Aufgabe bringen, können sie sich später nämlich einreden: »Hätte ich mehr Zeit gehabt, wäre es noch besser (ergo perfekter) geworden.« Weiterführende Informationen finden sich unter → **Selbstverarsche, die**.

Prokrastination, die Die hübsch klingendere Bezeichnung von pathologischem Aufschiebeverhalten. Sie gliedert sich in vier Phasen: Begeisterung des Anfangs (Los geht's!), Verdrängung (Ist ja noch Zeit), Realisierung (Langsam müsste ich mal) und blanke Panik (Scheiße, ich schaff das nie!). Prokrastination kennzeichnet sich durch unnötiges Vertagen des Beginns und/oder Unterbrechung der zu bewältigenden Aufgaben. In der Regel können prokrastinierte Aufgaben nur unter extremem Druck erledigt werden, weshalb Prokrastination als ernst zu nehmende Arbeitsstörung gilt. Das Gegenteil von Prokrastination ist die Präkrastination, also das Verhalten, alles möglichst schnell erledigen zu wollen. Betroffene des letzteren Verhaltensmusters wurden in der freien Wildbahn bisher jedoch selten gesichtet und gelten daher als urbaner Mythos.

Ringelmann-Effekt, der Soziales Phänomen, das besagt, dass die individuelle Anstrengung in einer Gruppe abnimmt. Das heißt, du fühlst dich wie ein Faultier und denkst: »Warum soll ich hart arbeiten, wenn alle anderen auch faul sind?« Genau wie damals bei den Gruppenarbeiten in der Schule: Du hast das Gefühl, dass du nichts beitragen musst, weil alle anderen auch nichts beitragen.

Damit verwandt ist das Konzept des → **sozialen Faulenzens**, das besagt, dass Menschen weniger Arbeit leisten, wenn sie in einer Gruppe sind, als wenn sie allein arbeiten. Aber das liegt nicht daran, dass sie faul sind. Stattdessen glauben sie, dass ihre Anstrengungen nicht so wichtig sind wie die Anstrengungen der anderen. Es ist wie bei einem Team, das denkt, dass der beste Spieler alles alleine erledigen kann.

Zusammenfassend gesagt: Der Ringelmann-Effekt ist wie ein Gruppen-Entspannungsmodus, während das soziale Faulenzertum ein Gruppen-Selbstzweifel ist.

Selbstverarsche, die Psychologisches Phänomen, das jedem Menschen im Laufe seines Lebens mindestens ein-, meistens jedoch eher hunderttausendmal begegnet. Hierbei trickst sich eine Person selbst aus oder belügt sich, um eine unangenehme

Wahrheit zu vermeiden oder sich besser zu fühlen. Selbstverarsche kann in vielen verschiedenen Situationen auftreten, zum Beispiel bei der Arbeit, in Beziehungen oder bei der persönlichen Gesundheit. Eine Person kann sich selbst überzeugen, dass sie keine Diät braucht, während sie sich einen großen Burger und eine Tüte Chips in den Mund stopft.

Obwohl Selbstverarsche kurzfristig hilfreich sein kann, um schwierige Emotionen zu vermeiden, führt sie langfristig zu unerwünschten Konsequenzen. Besser ist es, sich den Emotionen zu stellen, statt sie zu verdrängen. Daraus ergeben sich vielleicht Handlungen, die einen Weg aus der Selbstverarsche aufzeigen könnten.

SMART-Formel, die Formel, mit der sich Ziele angeblich leichter erreichen lassen. Laut Peter Drucker, einem US-amerikanischen Unternehmensberater, sollen Ziele spezifisch, messbar, attraktiv, realistisch und terminiert sein, aus den Anfangsbuchstaben der Attribute ergibt sich das Wort smart. Das Projektmanagement bedient sich häufig der SMART-Formel, aber auch Coaches greifen gern zu. Wer es richtig krachen lassen will, ergänzt die fünf Bedingungen um die beiden Faktoren ecological/ökologisch und ressourced/ressourcenbedacht und wird damit sogar SMARTER (oder im Deutschen: SMARTÖR). In der Praxis zeigt sich allerdings, dass die meisten Menschen so lange mit dem Ausarbeiten der smarten Ziele beschäftigt sind, dass sie nur noch selten dazu kommen, ihre hehren Pläne auch umzusetzen.

Social Influence Bias, die Beobachtung, dass Internetnutzer dazu neigen, sich den (positiven) Bewertungen anderer anzuschließen, unabhängig davon, ob die Bewertung ihren eigenen Ansichten entspricht. Interessanterweise hat eine Anhäufung von negativen Bewertungen nicht denselben Effekt, sondern führt vielmehr dazu, dass die User das Meinungsbild eher nach oben korrigieren beziehungsweise neutralisieren wollen. Zumindest in der Forschung.

Soziale Faulenzen, das siehe → **Ringelmann-Effekt, der**

Wenn-dann-Falle, die Auch bekannt als die »Ach-wenn-ich-doch-nur«-Falle, ist sie eine der häufigsten Denkfallen, die uns im täglichen Leben beeinflussen können. Sie tritt auf, wenn du dich auf eine zukünftige Situation konzentrierst, die möglicherweise nie eintreten wird, und dich dadurch in eine Falle lockst.

Wie funktioniert das Ganze? Du denkst darüber nach, was passieren würde, wenn eine bestimmte Bedingung erfüllt wäre. Zum Beispiel: »Wenn ich nur mehr Geld hätte, dann wäre ich glücklicher.« Oder: »Wenn ich nur eine Beziehung hätte, dann wäre alles besser.« Du konzentrierst dich so sehr auf diese hypothetischen Situationen, dass du vergisst, dass es keine Garantie dafür gibt, dass sie jemals eintreten werden.

Die Wenn-dann-Falle kann besonders tückisch sein, da sie dich davon abhält, im Hier und Jetzt glücklich zu sein. Du denkst ständig darüber nach, was passieren könnte, wenn sich deine Umstände ändern würden, anstatt dich auf das zu konzentrieren, was du bereits hast. Du stellst dir eine bessere Zukunft vor, ohne dir darüber im Klaren zu sein, dass das Leben unvorhersehbar ist und du vielleicht nie die Möglichkeit haben wirst, deine Wünsche zu erfüllen.

Um der Wenn-dann-Falle zu entkommen, solltest du dich darauf konzentrieren, im Moment zu leben und das wertzuschätzen, was du bereits hast. Es ist wichtig, dir bewusst zu machen, dass das Leben keine Garantien bietet und du dein Glück nicht von äußeren Faktoren abhängig machen solltest.

DANKSAGUNG

Liebe Leserinnen, liebe Leser,
liebe Ameisen, Maulwürfe, Löwen und Faultiere,

danke, dass ihr mir eure Zeit und Aufmerksamkeit geschenkt habt. Das ist für mich als Autorin nicht selbstverständlich, denn es ist einfacher, Netflix anzuschalten (und glaubt mir, ich weiß, wovon ich spreche, leider). Deswegen weiß ich es umso mehr zu schätzen.

Ich fände es schön, wenn wir uns wiederlesen. Vielleicht wollt ihr mir ja schreiben? Ich freue mich auf eure unzensierten Meinungen unter hallo@lea-blumenthal.de.

Die größte Herausforderung, wenn man ein Buch schreibt, ist, dass man sich wirklich sehr intensiv mit der Thematik beschäftigt, sie durchdringt und fühlt, bis in die letzte Faser aufsaugt. Also Augen auf bei der Themenwahl! Man sollte nicht über Prokrastination, den Korrumpierungseffekt oder das Edwards-Gesetz schreiben und glauben, dass man vor diesen ganzen psychischen Mechanismen gefeit ist.

Im Gegenteil: Meine Küche war noch nie so sauber. Ich habe tatsächlich alle Fugen im Bad mit der Zahnbürste geschrubbt. Die Steuererklärung lag pünktlich im Briefkasten des Finanzamts.

Nur das Manuskript ließ auf sich warten.

Tage verstrichen. Wochen vergingen. Durch das Mailprogramm meines Lektors rollte der sprichwörtliche Busch (übrigens, Artur, falls du es noch nicht wusstest, das Ding heißt auf Englisch Tumbleweed, auf Deutsch aber Chamaechorie, und dass ich das weiß, beschreibt auch schon mein Dilemma, ich hatte nämlich ausreichend Gelegenheit, es zu googeln, anstatt die Seiten dieses Buches zu befüllen!). Ich kann dir, Artur Senger, nur hundertmal dafür danken, dass du mich mit liebevoller Konsequenz und sehr viel positivem Zuspruch in Richtung Manuskriptabgabe begleitet und mir mit Ariane Novel eine hervorragende Redakteurin zur Seite gestellt hast, die meine Schlampereien ausradieren konnte, bevor sie allzu viele Lesende bemerken.

Dass ich mit dem Faultier überhaupt bei Knaur gelandet bin, verdanke ich der großartigen Angela Gsell. Wir kennen uns seit Jahren, und mit niemandem treffe ich mich lieber vor der offiziellen Buchmesseeröffnung zur Einverleibung alkoholischer Getränke.

Dem besten Anwalt von allen danke ich für die hervorragende Verhandlung des Verlagsvertrags. Tilman Winterling, was wäre ich nur ohne dich? Du bist jeden Taler wert, aber deine Freundschaft ist mir das Wichtigste!

Björn Rustemeyer danke ich dafür, dass er mir wieder »Modell« gestanden hat für den Boris in diesem Buch. Ich weiß, du würdest niemals deine Gürkchen anbrennen lassen. Danke für alles und noch viel mehr.

Lucie und Ella, ohne euch wäre meine Welt langweiliger und leiser. Es gäbe keine angeknabberten Stuhlbeine, keine Haare auf jedem Möbel- und Kleidungsstück, keine Kackbeutel in wirklich allen Jackentaschen – aber auch keine stundenlangen Spaziergänge am Strand. Danke, dass ihr mich jeden Tag mehrmals vor die Haustür zwingt und mittlerweile sogar zurückkommt, wenn ich pfeife. Zumindest meistens. Und am Rest können wir ja noch arbeiten.

ANMERKUNGEN

1 https://www.volksstimme.de/lokal/burg/konigin-der-nacht-bluht-nur-einmal-im-jahr-1785844, abgerufen am 14. 2. 2023

2 https://de.statista.com/statistik/daten/studie/793787/umfrage/umfrage-zu-den-guten-vorsaetzen-fuer-das-neue-jahr-in-deutschland/, abgerufen am 15. 2. 2023

3 https://de.statista.com/infografik/20354/zeitraum-den-die-befragten-ihre-guten-vorsaetze-einhalten, abgerufen am 15. 2. 2023

4 https://www.wmn.de/health/body-fitness/fitnessstudio-keine-gym-membership-abschliessen-id462748, abgerufen am 15. 2. 2023

5 https://www.businessinsider.de/strategy/wie-es-ist-um-430-uhr-aufzustehen-2016-10, abgerufen am 15. 2. 2023

6 https://amerisleep.com/blog/making-the-most-of-the-morning, abgerufen am 15. 2. 2023

7 Der 5-A. M.-Club wurde benannt nach dem gleichnamigen Buch von Robin Sharmas, einem kanadischen Schriftsteller, der darauf schwört, dass sich das Leben von Grund auf verändert, wenn man jeden Tag um 5 Uhr aufsteht und nach der 20–20–20-Regel die erste Stunde verbringt: 20 Minuten Sport, 20 Minuten Selfcare, 20 Minuten Weiterbildung. Gerüchten zufolge beschäftigt sich der Internationale Gerichtshof in Den Haag mittlerweile mit der 20–20–20-Regel und will sie offiziell als Folter anerkennen.

8 https://www.freundin.de/lifestyle-studie-aufstehen-uhrzeit-gluecklicher, abgerufen am 15. 2. 2023

9 https://www.betten.de/magazin/snoozen-schaedlich-gesundheit.html, abgerufen am 16. 2. 2023

10 https://www.lpb-bw.de/fileadmin/Abteilung_III/jugend/pdf/ws_beteiligung_dings/2017/ws6_17/intrinsische_extrinsische_motivation.pdf, abgerufen am 3. 9. 2023

11 https://instagram.com/einfachtaeglich?igshid=YmMyMTA2M2Y=, abgerufen am 4. 8. 2023

12 https://www.careelite.de/dauer-gewohnheiten-ablegen-aendern-etablieren, abgerufen am 16. 2. 2023

13 https://onlinelibrary.wiley.com/doi/abs/10.1002/ejsp.674, abgerufen am 16. 2. 2023

14 https://lauraseiler.com/4-schritte-zu-deinem-visionboard, abgerufen am 16. 2. 2023

15 https://glossar.hs-augsburg.de/Prokrastination, abgerufen am 3. 9. 2023

16 https://www.youtube.com/watch?v=tUXNxrPb0M0, abgerufen am 4. 8. 2023

17 https://sevdesk.de/lexikon/eisenhower-matrix, abgerufen am 17. 2. 2023

18 https://www.20min.ch/story/andere-sind-schuld-an-unserer-faulheit-935084387288, abgerufen am 18. 2. 2023

19 https://www.alltagsforschung.de/digitaler-herdentrieb-ein-like-kommt-selten-allein, abgerufen am 18. 2. 2023

20 https://karrierebibel.de/ringelmann-effekt, abgerufen am 3. 9. 2023

21 https://onlinelibrary.wiley.com/doi/abs/10.1002/ejsp.2021, abgerufen am 20. 2. 2023

22 https://www.stern.de/genuss/fressformel--aus-diesem-grund-machen-kartoffelchips-suechtig--31827654.html, abgerufen am 20. 2. 2023

23 Fun Fact: 1970 erweiterte Maslow seine Pyramide um drei weitere Stufen: ästhetische und kognitive Bedürfnisse, die er zwischen den Individualbedürfnissen und der Selbstverwirklichung ansiedelte, und eine Kategorie kam als Dach der Pyramide obendrauf. Alle mal herhören: Die nächsten Jahrzehnte werden von der Transzendenz bestimmt. Sie beschreibt das Bedürfnis des Menschen, die eigenen Grenzen zu überschreiten und sich selbst zu transzendieren, beispielsweise bei der Sinnsuche oder der Suche nach Gott. Und damit wären wir dann wohl wieder beim Purpose. Mehr unter https://zvoove.com/was-ist/maslow-beduerfnispyramide, abgerufen am 27. 2. 2023

24 https://time.com/5248016/tracey-crouch-uk-loneliness-minister, abgerufen am 22. 2. 2023

25 https://t3n.de/news/alle-90-minuten-pause-768486, abgerufen am 23. 2. 2023

26 Natali Michaely, Die Hälfte reicht auch, BARBARA Magazin, No. 74, S. 51. Das Zitat stammt vom schwedischen Arbeitspsychologen K. Anders Ericsson.

27 https://www.welt.de/wirtschaft/article239210799/Vier-Tage-Woche-Die-Briten-testen-das-100–80–100-Modell.html, abgerufen am 24. 2. 2023

28 https://neuezeit.at/england-testet-4-tage-woche, abgerufen am 24. 2. 2023

29 https://www.merkur.de/leben/karriere/work-life-balance-so-viel-

freizeit-menschen-gluecklich-job-erholung-stress-zr-91256565.html, abgerufen am 25. 2. 2023

30 Für alle, die es bislang verpasst haben: *Too Hot to Handle*. Schreiend komisch, aber nichts für schwache Nerven.

31 Statista sagt, 2,2-mal pro Woche, ich weiß aber ehrlich nicht, wer befragt wurde. Sicherlich niemand, der die Wahrheit gesagt hat. Noch größere Aufschneider sind die Griechen, die es anscheinend auf 3,2-mal pro Woche bringen. Damit sind sie Spitzenreiter. Es folgen Brasilien (wenig überraschend, Sonne, Caipirinha und Copacabana), Russland (ist oft kalt, man muss zusammenrücken) und Polen, aber auch Indien, die Schweiz, China und Italien. Deutschland rangiert irgendwo im Mittelfeld, und immerhin gibt es Nationen, in denen unter der Bettdecke noch weniger passiert: Großbritannien, die USA, die Niederlande und weit, sehr weit abgeschlagen Japan mit 0,9-mal Sex pro Woche.

32 Kurz gesagt: Erfolgreiche Menschen werden noch erfolgreicher, erfolglose bleiben erfolglos.

33 https://wiki.yoga-vidya.de/M%C3%BC%C3%9Figgang, abgerufen am 28. 2. 2023

34 https://www.tk.de/presse/themen/praevention/gesundheitsstudien/tk-stressstudie-2021-2116458, abgerufen am 5. 3. 2023

35 https://www.assmann-stiftung.de/ob-ein-mittagsschlaf-die-herzgesundheit-unterstuetzen-kann-334/, abgerufen am 5. 3. 2023

36 Wer mehr dazu lesen will, wie sich Entspannung, Spaziergänge und ein Mittagsschlaf auf unser Gehirn auswirken, sollte zu Tanja Queckenstedts Buch *Ein Kopf voller Ideen* greifen. Danach hat man nie wieder ein schlechtes Gewissen beim Ausruhen, versprochen!

37 https://www.zeitjung.de/faulheit-langeweile-arbeit-burnout-kreativitaet-plaedoyer/, abgerufen am 3. 6. 2023

38 https://www.welt.de/kmpkt/article173559241/Glueck-So-viel-Geld-brauchst-du-um-maximal-gluecklich-zu-sein.html, abgerufen am 11. 3. 2023

39 https://www.galileo.tv/natur/faultiere-darum-sind-sie-gar-nicht-so-faul-steckbrief-fakten, abgerufen am 10. 3. 2023

40 https://www.kyoto-ryokan-sakura.com/archives/posts_de/214, abgerufen am 15. 4. 2023